NATIONAL
GEOGRAPHIC

美国国家地理全球史

罗马帝国
罗马的陷落

The Fall of the Roman Empire

美国国家地理学会　编著　　申华明　译

中国出版集团　现代出版社

目　录

插图（第2页）　君士坦丁大帝（Constantin le Grand）大理石头像（公元4世纪），现藏于罗马卡比托利欧博物馆。

插图（第4—5页）　利比亚大莱波蒂斯遗址的美杜莎头像和塞维鲁广场。

插图（第6页）　狄奥多西银盘细部的狄奥多西大帝（Théodose le Grand）像（公元4世纪），现藏于马德里皇家历史学会。

概　述

公元 3 世纪—公元 5 世纪的罗马帝国时代，可以被视为一个名为"古代晚期"的完整时期。长久以来，这段时期虽然被视为一个衰落的时期，但历史学家逐渐发现这也是一个反差强烈的时期，而当时发生的重大转变对后世产生了重要影响。"古代晚期"这个概念，可以把罗马帝国晚期和罗马帝国早期、中世纪早期区分开来。通过这种历史划分，我们可以更详细地分析这个时期的政治、军事、经济、社会，尤其是文化和宗教领域的特征。在公元 2 世纪末，更确切地说是在马可·奥勒留（Marc Aurèle）统治的鼎盛时期过后，罗马帝国经历了诸多考验，如日耳曼民族入侵、肆虐地中海沿岸的传染病、独断专行的军人皇帝、新宗教信仰的传播等，但这也成为它的历史转折点。随着希腊文化和基督教的扩张，对后世影响深远的新价值观念也同时出现，而这些文化和精神领域的发展也是转变和复兴的过程（远比危机或衰落更明显），并为古代晚期带来了新的生机。古代晚期的每个世纪都有自己的特征：公元 3 世纪主要是经济困境、政治体制危机和军事混乱时期；公元 4 世纪则是罗马帝国最经典的政治、社会和文化价值观念的复苏时期；公元 5 世纪则是罗马帝国政治结构的瓦解和以君士坦丁堡为中心的强大的东罗马帝国的崛起，以及西方最早的日耳曼诸王国的出现。

插图（第8—9页）　朱尼厄斯·巴苏斯（Junius Bassus）凯旋，罗马帝国晚期的碎块型工艺马赛克，现藏于罗马国家博物馆马西莫宫。

插图（第10页）　君士坦丁堡竞技场看台局部的大理石双联雕刻版（公元5世纪），现藏于布雷西亚基督教博物馆。

四帝共治

　　这尊雕塑展现的是第一代"四帝共治"——马克西米安（Maximien）、伽列里乌斯（Galère）、君士坦提乌斯（Constance Chlore）和戴克里先（Dioclétien），现藏于威尼斯圣马可大教堂。

　　插图（右侧） 玉石浮雕描绘的是波斯帝国国王沙普尔一世（Shapur Ier）和罗马皇帝瓦莱里安（Valérien，又译瓦勒良）的作战场景，现藏于巴黎法兰西国家图书馆。

从塞维鲁王朝到四帝共治

公元 3 世纪，处于社会危机和经济危机中的罗马帝国经历了第一次重大的政治改革。罗马帝国边境不断遭受军事威胁，皇帝权威江河日下，导致政体陷入了军事混乱之中，而出身卑微的士兵也不断染指皇帝宝座。最终，戴克里先确立了"四帝共治"制，恢复了罗马帝国的稳定。

公元 3 世纪，日耳曼民族的人口和军事压力与日俱增。长久以来，北欧向来都是人口大规模流动的地区。在公元 2 世纪的马可·奥勒留统治时期，哥特人朝着多瑙河的大规模迁徙已经造成了一定程度的社会动荡。随后，斯堪的纳维亚半岛的格庇德人驱赶着哥特人向西南迁徙，进一步加剧了罗马帝国边境附属国的压力并产生了连锁反应，导致苏维汇人、汪达尔人和中欧其他较小部落的迁徙。

公元 3 世纪初，不断迁徙的日耳曼民族逐渐占据了日耳曼尼亚东部和北部、多瑙河沿岸的广大地区。哥特人觊觎希腊化的黑海沿岸城市的土地和财富，他们的突然入侵打破了一个世纪以来内陆游牧民族与沿海居民之间的平衡。在迁徙过程中，

塞维鲁王朝年表

公元193年—公元211年

塞普蒂米乌斯·塞维鲁（Septime Sévère）在潘诺尼亚称奥古斯都

塞普蒂米乌斯·塞维鲁在击败和处死了竞争者尤利安努斯和尼格尔之后，向东方和不列颠发动战争，后在出兵不列颠的期间病死。

公元209年—公元211年

卡拉卡拉（Caracalla）和盖塔（Géta）成为塞维鲁的继承者

从公元 198 年开始，塞维鲁就和儿子卡拉卡拉共同执政。公元 209 年，卡拉卡拉与弟弟盖塔同时继位。公元 211 年，塞维鲁去世后，卡拉卡拉密谋刺杀了弟弟盖塔。

公元211年—公元217年

卡拉卡拉颁布《安敦尼努斯敕令》（la Constitutio Antoniniana）

该敕令宣布，罗马帝国境内所有自由民都享有罗马公民权。在东方的一次战役中，卡拉卡拉被企图掌权的近卫军统领马克里努斯（Macrin）密谋刺杀而死。

公元218年—公元222年

埃拉伽巴路斯（Héliogabale）在安条克击败马克里努斯

称帝之后的埃拉伽巴路斯将塞维鲁·亚历山大（Sévère Alexandre）选为继承人。

公元222年—公元235年

塞维鲁·亚历山大被宣布为奥古斯都

此时，塞维鲁·亚历山大才刚刚 13 岁。虽然他在统治期间励精图治，但日耳曼尼亚军队的叛乱削弱了他的力量，最终被将军马克西米努斯（Maximin）所杀。

哥特人保留了日耳曼民族的遗产、扈从队（comitaius）制度，以及其独特的信仰、文化和语言。拜占庭历史学家约达尼斯（Jordanès）详细地记录了哥特人的历史，但他的记录却常常是理想化的，而他自己也很可能是哥特人出身。然而，即便有约达尼斯的记录，哥特人在公元 2 世纪—公元 3 世纪期间的历史依旧鲜为人知。

哥特人逐渐分为两大族群——东哥特人和西哥特人，既可以用地域归

属，也可以用古老的贵族敌对阵营来对其进行区分。公元3世纪中叶，罗马皇帝德基乌斯（Dèce）在对阵哥特人的阿伯里图斯战役中战败身亡后，日耳曼民族的压力与日俱增，而军事混乱更让罗马帝国的局势动荡不安。

波斯萨珊王朝的军队不断进攻罗马帝国东南边境地区，战线一直蔓延到叙利亚和米索不达米亚。罗马皇帝瓦莱里安在东征波斯时被俘沦为阶下囚，于公元260年左右卒于狱中。瓦莱里安是第一个落入敌军之手的罗马皇帝，这对罗马帝国而言无疑是奇耻大辱，而萨珊王朝则借机对此大加宣扬。

塞普蒂米乌斯·塞维鲁和儿子们

公元203年，为了庆祝战胜阿拉伯人和帕提亚人，塞普蒂米乌斯·塞维鲁在卡比托利欧山丘脚下的罗马广场上建造了凯旋拱门。拱门上绘有浅浮雕，描绘的是塞维鲁王朝的缔造者和两个儿子——卡拉卡拉和盖塔。盖塔在公元209年登上帝位，但在公元211年年底却被兄长卡拉卡拉暗杀。

这些事件表明，公元 3 世纪中叶，在莱茵河和多瑙河沿线的日耳曼民族与东南边境的波斯萨珊王朝虎视眈眈的背景之下，罗马帝国的政治统治、地理版图的完整性和军事优越性都受到了极大威胁。当罗马帝国的边境地区被蚕食之际，外敌侵略也让此前未曾遭受入侵的疆土陷入危险境地，如内高卢或西班牙。

然而，如果只是简单列举这些军事事件，我们或许会高估危机的程度和范围，从而忽视前仆后继的罗马皇帝们想要结束帝国屡遭劫掠的局面和重振帝国威望的决心，以及他们成功利用了各行省之间不均衡的实力以及敌人遭遇的困境。我们同样有可能忽视的是，在公元 3 世纪的最后二十多年间，罗马帝国的局势已经整体恢复，最初采取的临时措施让帝国复兴之后也被长期确立下来。

塞维鲁王朝时期

早在安敦尼王朝时期（公元 96 年—公元 192 年），罗马帝国动荡不安的先兆就已经出现。但是，危机最早爆发却是在塞维鲁王朝（公元 193 年—公元 235 年）时期，并在随后的"军事混乱"时期（公元 244 年—公元 268 年）不断加剧。公元 2 世纪末，罗马帝国的行政组织、社会结构和经济结构发生改变，文化和精神状态也出现变化，这导致皇帝统治政权的根基遭到质疑。

公元 192 年，安敦尼王朝的最后一位皇帝康茂德（Commode）被亲信刺杀之后，威望极高的佩蒂纳克斯（Pertinax）将军被选为继任者，这或许是因为他的年龄之故。在马可·奥勒留统治时期，佩蒂纳克斯曾有过一段辉煌的行政和军事生涯，也是元老院成员之一。佩蒂纳克斯之所以能够进入统治阶层，纯粹是政局不断变幻的结果，他吸收了元老院阶层最传统的理想观念，如他以家庭为由拒领帝国俸禄。

然而，佩蒂纳克斯并未来得及实施他自己的行政和政治改革计划。公元 193 年 3 月，掌权仅仅三个月之后，佩蒂纳克斯被野心勃勃的近卫军统领雷图斯（Laetus）刺杀。佩蒂纳克斯的死开启了罗马帝国历史上最灰暗的一个时期，一场血腥的内战也随即爆发。

在狄第乌斯·尤利安努斯（Didius Julianus）的统治昙花一现之后，多瑙河军团拥立司令官塞普蒂米乌斯·塞维鲁为皇帝。塞维鲁得到了日耳曼尼亚军队的承认，但叙利亚军团却如法炮制地拥立自己的司令官佩西尼乌斯·尼格尔（Pescenius Niger）称帝。尼格尔出身意大利骑士阶层，得到了罗马帝国东部许多人口众多的城市（尤其是安条克）以及边境多个附属国的支持。

塞普蒂米乌斯·塞维鲁第一个抵达了罗马。塞普蒂米乌斯得到了近卫军和一些有权势的元老院议员的支持，这些人期待他继续实施佩蒂纳克斯的政策。在随后塞普蒂米乌斯·塞维鲁与尼格尔的战争中，拜占庭和安条克也加入战局，帕提亚人被塞普蒂米乌斯·塞维鲁的部队所牵制，而佩西尼乌斯·尼格尔却在战局不明的情况下死去。

塞普蒂米乌斯平定战乱之后，凭借元老院的支持及其与安敦尼王朝的历史渊源，巩固了他的政治联盟，并向帕提亚人发动了更为激烈的进攻。塞普蒂米乌斯在攻占了泰西封之后，班师回朝。公元199年左右，罗马帝国边境局势稳定下来，美索不达米亚平原上新省的实力得以巩固。针对帕提亚人的战争过后，塞普蒂米乌斯又出兵不列颠，他想要征服这座岛屿，终结北方部落频繁入侵的局面。然而，这位罗马皇帝在公元211年病死，目标未能实现。

塞普蒂米乌斯死后，他的两个儿子卡拉卡拉和盖塔同时继位。但是，公元211年卡拉卡拉暗杀了弟弟盖塔独揽大权，开始暴政。卡拉卡拉的政策为他赢得了罗马平民阶层和士兵的信任，尤其是他颁布的《安敦尼努斯敕令》（公元212年）让帝国境内的所有自由民都获得了罗马公民权。一份保存至今的莎草纸卷轴（吉森莎草纸卷轴40）详细记录了敕令的内容，但阅读和破译这份文献并非易事。不过，这项政策也为卡拉卡拉招来了统治阶层、元老院议员和将军们的敌意。

随着时间流逝，卡拉卡拉愈发狂妄自大。卡拉卡拉将皇帝职能进一步神圣化，自诩为"宇宙之主"，并在埃及的画像中呈现出古代法老的特征。卡拉卡拉对权势的痴迷让他不顾时代前进的方向，走上了一条效仿亚历山大大帝的道路，并强化了以军功而非传统的王朝血脉来确立皇帝。守卫部队的拥护成为权力合法化的源头，因

大莱波蒂斯：皇帝塞普蒂米乌斯·塞维鲁在的黎波里修建的"永恒之城"

公元前1世纪，奥古斯都（Auguste）设立了阿非利加行省。奥古斯都给予大莱波蒂斯豁免和自由城的地位，即这是一座不用缴纳赋税的独立城市，而且城市也被重新布局。塞普蒂米乌斯·塞维鲁出生在大莱波蒂斯，其在位期间这座城市的发展达到鼎盛。

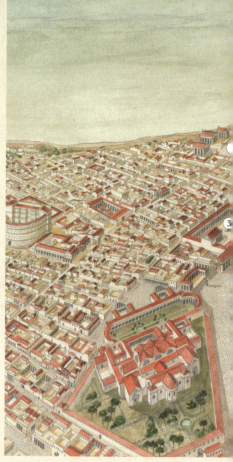

大莱波蒂斯曾经是腓尼基人的殖民地，位于莱卜达河出海口处，是一座天然港口和非洲贸易要塞。大莱波蒂斯曾属于迦太基人，直到布匿战争结束。在与努米底亚国王朱古达（Jugurtha）的战争中，大莱波蒂斯与罗马结成联盟。大莱波蒂斯是的黎波里塔尼亚的三座城邦之一。在公元5世纪末西罗马帝国灭亡时，大莱波蒂斯几乎覆灭。公元643年，阿拉伯人征服者到来时，大莱波蒂斯已经破败为一个小村庄。11世纪，游牧民族将大莱波蒂斯彻底摧毁。

为它比元老院议员、官员和行政人员的支持更有力。

卡拉卡拉重新开始了频繁的军事活动。塞普蒂米乌斯·塞维鲁千辛万苦才稳定了日耳曼尼亚、雷蒂亚和美索不达米亚的局势，而卡拉卡拉却让这些地区再次成为战争前线。卡拉卡拉成功地让帝国的西部边境维持了二十年和平，但是他在东部的成功却非常短暂。公元217年，在作战过程中，卡拉卡

① **港口**　新港口修建于公元3世纪，两道环形防波堤把两个世纪前的旧港围了起来。塞普蒂米乌斯·塞维鲁港口是环形的，非常安全。西侧防波堤的尽头有几处延伸到大海里的暗礁，上面竖起了一座高大的三层灯塔。

② **古广场**　这座广场修建于奥古斯都时期。这片地区曾是腓尼基人的商行，在公元2世纪的新塞维鲁广场建成之前，它一直都是城市中心。古广场是罗马时期的新大莱波蒂斯的城市规划核心。

③ **塞维鲁广场**　在皇帝塞普蒂米乌斯·塞维鲁的授意下，这座广场和一侧的大教堂使用的是当时最奢华的建筑材料，而广场周围是一座绿色大理石建成的圆柱拱廊。这些都是大莱波蒂斯的标志性建筑。

④ **柱廊大道**　这条长400米、宽44米的大道一端是巨大的六边形广场，广场上的一座水神像是大道的起点，从那里可以看到灯塔。大道两侧分布着至少有125根绿底白纹大理石圆柱，它们所支撑起的拱廊能够保护人们不受非洲烈日暴晒。

拉被野心勃勃的近卫军统领马克里努斯指使的卫士刺杀而死。

　　马克里努斯成为皇帝之后，立刻遭到军队的反感，这或许是因为他发迹于税务管理部门而非军队，但更有可能是因为他希望部分收回卡拉卡拉赋予军队的财政特权。马克里努斯在小亚细亚的一次叛乱中遇刺身亡，发动叛乱的是以被推翻的塞维鲁王朝

塞维鲁·亚历山大银币

　　公元235年铸造的印有皇帝塞维鲁·亚历山大肖像的银币，现藏于罗马国家博物馆马西莫宫。

卡拉卡拉浴场：罗马人的奢侈场所

在公元3世纪的最初十年里，塞普蒂米乌斯·塞维鲁计划建造罗马帝国规模最大、最奢华的浴场设施。塞维鲁的儿子卡拉卡拉在公元211年—公元216年间建成了这座浴场，并以他自己的名字为其命名。这座浴场占地面积庞大，罗马民众可以随意使用。浴场坐落在城市西南郊区，距离连通罗马和意大利南部的阿皮亚大道不远。浴场周围是巨大的拱廊，装饰着无数马赛克、雕塑和水神像。所有公民都可以自由进入浴场内部，因此这里很快就成为罗马社交生活的中心。当时，尽管官方明令禁止，但女人们也经常出入浴场。浴场一直运营到公元537年，因为这一年哥特人切断了罗马的水供应。

考古遗迹

卡拉卡拉浴场被公元9世纪的一场地震摧毁。

❶ 浴场入口 浴场周围是壮观的拱廊，如今已经彻底消失不见。浴场的四个主要入口在拱廊后面。

❷ 热水浴室 热水浴室是一个环形厅，上方是一个直径35米的穹顶，厅中央是一个来客可以洗热水浴的浴池。

❸ 冷水浴室 冷水浴室是浴场的最后一站。古代人认为，冷水浴能够增强体质。

❻ 蒸汽室 在健身房和热水浴室之间有一排房间，很可能是按照不同温度加热的，但具体功能未知。

❼ 温水浴室 温水浴室内的温度适中，是热水浴室和冷水浴室的过渡，在这里可以为身体涂抹添加香料的精油。

❽ 游泳池 与所有大型浴池一样，冷水浴室对面是一个大型露天游泳池，可供人们游泳。

❹ 雕塑和水神像 浴池房间的装饰非常丰富。游泳池有一面巨大的景观墙，两层的圆柱壁龛更加引人注目。

❺ 更衣室 在浴场入口处，个人衣物可以寄存在更衣室。有专门的奴隶将其放在格子中保管，并收取固定费用。

❾ 露台 研究表明，健身房的拱廊上有露台可以晒太阳，人们可从木质楼梯上去。

❿ 角力场或健身房 罗马人在这里进行体育锻炼和各种类型的游戏，运动结束后还用专门的设施除汗，然后再去浴室。

罗马皇帝卡拉卡拉

卡拉卡拉半身雕像的头部为大理石，上身为后期添补的斑岩。现藏于罗马卡比托利欧博物馆。

家族为首的勇敢女性——塞普蒂米乌斯的妻妹尤利娅·玛伊莎（Julia Maesa）和外甥女索艾米亚斯（Soaemias）。不久之后，马克里努斯的儿子迪亚杜门尼安（Diaduménien）也遭遇了同样的命运。

年轻的埃拉伽巴路斯成为继任者，但他沉迷于各种神秘的宗教信仰，把处理政务的权力交给了母亲索艾米亚斯和外祖母尤利娅·玛伊莎。因此，埃拉伽巴路斯的无能让他失去了民心。尤利娅·玛伊莎策划了一系列反对埃拉伽巴路斯的叛乱和暴动，她担心埃拉伽巴路斯的荒唐行径会损害王朝利益，提议让另一位外孙小亚历山大（le jeune Alexianus）取而代之——小亚历山大是尤利娅·玛麦亚（Julia Mamea）的儿子，埃拉伽巴路斯的表弟。

觊觎王位的小亚历山大外表英武，对古典文化有着浓厚的兴趣，而这使他赢得了罗马民众和士兵的信任。公元 222 年，埃拉伽巴路斯和母亲索艾米亚斯一起遇刺身亡。即位的新皇帝小亚历山大刚满 13 岁，他给自己取的名字是马可·奥勒留·塞维鲁·亚历山大（Marc Aurèle Sévère Alexandre），史称塞维鲁·亚历山大（Sévère Alexandre）。

塞维鲁·亚历山大缺少经验，性格软弱，掌管罗马帝国的是野心勃勃的母亲尤利娅·玛麦亚和著名的法学家兼近卫军统领乌尔比安（Ulpien）。公元 223 年，乌尔比安被近卫军刺杀之后，罗马帝国的统治不断受到军队叛乱的威胁。

塞维鲁·亚历山大实施了大胆的农业和宗教改革，鼓励增加土地收益，推行可用实物偿还的借贷体制，帮助小农购入田产。公元 4 世纪的历史研究认为，塞维鲁·亚历山大进行了一次重要的军事财产改革，但事实却并非如此。塞维鲁·亚历山大给予商人和手工业者税务特权，目的是保障城市功绩，帮助城市实现财政自主。在宗教领域，塞维鲁·亚历山大对基督教团体表现得相对宽容。

相较于内部问题，新的军事困境加速了塞维鲁·亚历山大的垮台。公元 3 世纪 30 年代初，莱茵河、多瑙河和米索不达米亚等前线阵地的战事愈加频繁。在东方，萨珊王朝取代了安息王朝统治波斯帝国。在公元 230 年—公元 232 年左右，波斯人发动了猛烈的军事进攻，迫使塞维鲁·亚历山大把一部分守卫士兵从西部前线调往东部。

马克西米努斯和戈尔迪安家族

欧洲部落趁机对罗马帝国发动新的攻击。塞维鲁·亚历山大把重心转移到了日耳曼尼亚，但那里爆发了一场激烈的军事叛乱，他和母亲被自己手下的士兵所杀。这些叛军拥立他们的一位教官马克西米努斯为皇帝，从此一段新的混乱时期开始。

从公元235年塞维鲁·亚历山大被杀到公元284年戴克里先掌权的这段时期，是罗马帝国历史上最动荡的时期之一，而最典型的特征除了暴力和动乱之外，还有基督教的逐渐扩张。其间，内战、篡权、地区分裂和外部攻击此起彼伏。

这段时期，合法的皇帝有二十多位，此外还有数量众多的篡位者，但大部分的结局都很悲惨。高级军官牢牢地掌控着罗马帝国，元老院贵族的反对也无能为力。与帝国传统相反的是，此后的皇帝只要得到军队的支持，就可被视为合法。

新政体有利于潘诺尼亚、伊利里亚、巴尔干半岛和多瑙河流域其他行省的乡村农民的社会地位和政治地位的提升，他们是国防不可或缺的社会阶层的代表。不过，官僚机构不断发展，税务压力随之增加；在日耳曼尼亚和东部边境，战火又重燃；除了部落劫掠、军费支出增长、农业歉收和交通受阻之外，传染病和自然灾害也频频出现。

在这种极不稳定的背景下，罗马政权尽力维持让帝国屹立不倒的政治结构。历史学家把这半个世纪划分为三个时期：马克西米努斯和戈尔迪安家族统治时期、严格意义上的"军事混乱"时期和伊利里亚的皇帝统治时期。第一个时期，始于公元235年左右日耳曼尼亚的军事哗变、塞维鲁·亚历山大遇刺以及马克西米努斯称帝。

马克西米努斯得到了元老院的支持，这是对他的军事威望的认可。他的文化水平较低，职业生涯里一直都在军队中。他是第一个出身普通家庭的皇帝，也是第一个我们所称的"军人皇帝"。他的统治以残暴著称，对元老院和行省的贵族阶层也不例外。他把许多旧体制的支持者从权力机构中清除出去，引起了元老院和军队高层的强烈反对。为了恢复帝国严重不足的财政收入，他增加了所有地区和所有社会

戈尔迪安二世

这位昙花一现的皇帝戈尔迪安二世(Gordien II)，在与马克西米努斯的盟友、努米底亚总督卡佩利安（Capelien）的战斗中战死（46岁）。据说，戈尔迪安二世有22个嫔妃，个人图书馆的藏书至少有62 000册。

插图 戈尔迪安二世的半身大理石雕像，现藏于巴黎卢浮宫。

阶层的赋税压力。他征收了最富裕的公民和某些异教庙宇的财产，把地方税收充入国库，要求某些城市和行省缴纳额外赋税。

在马克西米努斯统治期间，人们经常把疯狂的赋税和对基督教会的系统迫害联系起来。马克西米努斯反基督教的态度与塞维鲁王朝的相对宽容形成了鲜明对比，他的传统异教思想得到了多瑙河地区的士兵和农民的热烈支持。马克西米努斯认为，军团的支持最能保证社会和制度稳定，也是向日耳曼人和萨珊王朝发动军事进攻的主要执行工具。但是，这种明显的倾向性让马克西米

努斯没有预料到的是，在那些被新军事政体虐待的社会阶层中出现了大范围的反对浪潮，而这股浪潮的领导核心就是元老院贵族和罗马化、希腊化程度最高的行省的开明政治势力。

　　与所有农民和普通公民一样，所有人都不堪税收制度和新政体的重负：一方面，税收制度既专横随意又成体系；另一方面，新政体赋予周围行省士兵以特权。反对马克西米努斯的平民起义首先在阿非利加行省爆发，这是赋税压力最重的行省之一，也是为罗马提供粮食供给的重要中心。

埃尔·杰姆的古罗马圆形剧场

　　这座圆形剧场位于今突尼斯，从面积来看，它曾是非洲最大、古罗马帝国第四大的圆形剧场。它大约于公元238年建造，即马克西米努斯统治和戈尔迪安（Gordien）担任阿非利加行省总督时期。

戈尔迪安家族的统治

城市贵族领导的反抗者拥护富甲天下的马尔库斯·安东尼乌斯·戈尔迪安努斯（Marc Antoine Gordien）为皇帝，他曾担任元老院议员和阿非利加行省总督。戈尔迪安和儿子为共治国王，史称戈尔迪安一世（Gordien Ier）和戈尔迪安二世（Gordien II）。意大利也呼应了各地的反抗，戈尔迪安家族得到了元老院的承认。马克西米努斯的反应非常强烈，镇压了非洲的反抗。戈尔迪安二世在战役中死去，而戈尔迪安一世在得知儿子战死的消息后自杀了。

然而，罗马的反抗并未被镇压下去，领导反抗运动的元老院议员和其他反对势力达成一致，任命戈尔迪安三世（Gordien III，戈尔迪安一世的孙子）为皇帝。新皇帝戈尔迪安三世试图恢复塞维鲁王朝时期那种不稳定的平衡状态，但他不得不面对愈发严重的经济危机、赋税压力带来的社会不满，尤其是萨珊王朝的进攻——萨珊王朝已经征服了罗马帝国在美索不达米亚平原的一大部分领土。年轻的萨珊王朝对周围的罗马帝国领土发动了侵略战争，试图以此来巩固对刚攻占不久的安息帝国领土的控制，并声称要夺回很久以前属于波斯阿契美尼德王朝的领土。

戈尔迪安三世做出猛烈回击，亲自率军远征美索不达米亚平原。公元 244 年，戈尔迪安三世在今伊拉克的法鲁贾附近被沙普尔一世击败，而他是第一位被外敌杀死的罗马皇帝。随后，罗马帝国进入了被称为"军事混乱"的时期，并一直持续到了公元 268 年。在这段时期，罗马帝国经历了多次局势紧张的政治混乱局面、严重的军事溃败、外敌入侵、经济崩溃和政治动荡，一种深层的危机感在罗马帝国内部蔓延开来。

"军事混乱" 时期

新皇帝阿拉伯人菲利普（Philippe）遭到了传统罗马贵族的排斥。菲利普出生于罗马帝国控制的阿拉伯地区的土著家庭——有可能是贝都因人的儿子，其凭借军功进入骑士阶层。菲利普和儿子菲利普二世（Philippe II）共同执政，试图以此恢复罗马帝国的王朝传统。公元 248 年，菲利普在罗马组织了"百年节"（les

Jeux séculaires），想让百姓暂时忘记自己的困境。菲利普还花费了无数钱财庆祝罗马城建城千年，赞颂罗马永恒不朽，并宣布一个建立在君主的稳定基础上的新时代开始了。菲利普渴望推行改革，希望自己的权力拥有广泛的社会基础，因此他对基督教徒非常宽容，而这一点凯撒利亚的尤西比乌（Eusèbe）主教在《教会史》（*Histoire ecclésiastique*）中有所记载。

在对外政策方面，菲利普试图与敌人和解，如与萨珊王朝的沙普尔一世达成合约，加强美索不达米亚地区的防卫，继续向边境部落缴纳贡金等。对于这项政策，罗马帝国的民众颇有微词，因为它的成本太高；军队也表示不满，因为它缺乏威严。

自从奥古斯都以来，皇帝应当保证罗马帝国的军队能够始终战无不胜地碾压对手。在军事危机时期，舆论期待君主能够落实统治权的核心职责，类似的关于货币、公共建筑的信息也此起彼伏，而这种不满导致亚历山大等大城市出现了反抗。

德基乌斯（Dèce）是多瑙河流域行省的指挥官，他积极利用自己在元老院议员中的特殊地位，赢得了一部分军队的信任。公元249年，士兵们拥立德基乌斯为皇帝，并支持他与菲利普对抗。作为声名显赫的将军和议员，德基乌斯和阵亡的前任皇帝（菲利普）形成了鲜明对比。

德基乌斯的首要目标是巩固元老院和军队之间的信任，保证哪怕最低程度的稳定。德基乌斯对基督教徒进行残酷迫害，满足了传统的元老院和伊利

"军事混乱" 时期的皇帝
公元235年—公元238年
马克西米努斯一世·色雷斯
公元238 年
戈尔迪安一世
公元238 年
戈尔迪安二世
公元238 年
巴尔比努斯（Balbin）
公元238 年
普皮恩努斯（Pupien）
公元238 年—公元 244 年
戈尔迪安三世
公元244 年—公元 249 年
阿拉伯人菲利普一世
公元247 年—公元 249 年
菲利普二世
公元249 年—公元 251 年
德基乌斯
公元251 年
赫伦尼乌斯（Herennius）
公元251 年
霍斯蒂利安（Hostilien）
公元251 年—公元 253 年
特雷波尼亚努斯·加卢斯
公元251 年—公元 253 年
沃鲁西安努斯（Volusianus）
公元253 年
埃米利安努斯（Émilien）
公元253 年—公元 260 年
瓦莱里安（Valérien）
公元253 年—公元 268 年
加里恩努斯（Gallien）

与波斯人的战争：
沙普尔一世对阵罗马

沙普尔一世是阿尔达希尔一世（Ardachîr Iᵉʳ）的儿子，而阿尔达希尔是统治波斯四个多世纪的萨珊王朝的缔造者。阿尔达希尔曾对罗马发动了一场血腥的战争，沙普尔延续了同样的战略。

在战争初期的公元 243 年，萨珊王朝的皇帝沙普尔一世在拉斯那被戈尔迪安三世打败。次年，沙普尔与罗马皇帝阿拉伯人菲利普签订合约。公元 250 年左右，沙普尔发动战争，征服了亚美尼亚，使其成为波斯帝国的一个行省。随后，沙普尔在美索不达米亚平原横扫罗马军团，入侵叙利亚并征服安条克。罗马皇帝瓦莱里安远征沙普尔，却在试图谈判时沦为阶下囚。叙利亚帕尔米拉的"君主"塞普蒂米乌斯·奥德奈苏斯（Septime Odénat）率领军队迎战沙普尔，经过多次战役之后终于战胜波斯人，迫使沙普尔渡过幼发拉底河并节节败退。

插图 右图，沙普尔骑马凯旋，前方站立的是瓦莱里安，屈膝的是罗马皇帝阿拉伯人菲利普。该作品为波斯波利斯古城附近的波斯帝陵中阿契美尼德王朝国王墓地下方的浅浮雕。左图，阿拉伯人菲利普的上半身大理石雕像，现藏于佛罗伦萨乌菲兹美术馆。

里亚士兵的要求，但是他在城市化程度最高的行省遭遇到一定的抵抗。

按照惯例，军事困境、政局不稳、传染病（很可能是天花）死灰复燃都被阐释为传统神灵对罗马人民的不满。为了重新恢复与神界的良好关系，确保罗马帝国的道德统一，德基乌斯下令向众神

① **沙普尔一世** 浮雕中的萨珊国王沙普尔一世身骑战马，战胜了罗马皇帝阿拉伯人菲利普和瓦莱里安。沙普尔的右手握着瓦莱里安的双手，瓦莱里安站立面对着沙普尔的战马。这种姿态展现了公元260年罗马皇帝瓦莱里安在埃德萨（今土耳其南部）战役中被俘的场面。

② **瓦莱里安** 站立的罗马皇帝瓦莱里安的衣袖遮盖双手——这是服从的标志，他沦为了萨珊国王沙普尔的阶下囚。拉克坦提乌斯（Lactance）声称，瓦莱里安死在狱中之后身体被掏空，然后填上稻草陈列在一座神庙中，这是罗马战败的象征。

③ **阿拉伯人菲利普** 这位罗马皇帝菲利普单膝跪在萨珊国王沙普尔面前。公元244年，菲利普与沙普尔和谈，罗马帝国军队撤出波斯领土，并以巨额赔款为代价换取罗马帝国在美索不达米亚平原各行省的安全。萨珊王朝对外宣称，这项合约是罗马人正式向波斯人屈服的象征。

④ **阿娜希塔（Anahita）** 浮雕中的女性形象可能是印度波斯宗教中的宇宙女神的象征，她是江河湖海、丰产、医药和知识的女神，在阿契美尼德王朝时期对她的崇拜一直扩展到了小亚细亚地区。

⑤ **国王沙普尔的战马** 国王沙普尔的坐骑虽然比例不太合理，但占据了场景的中心。马在波斯骑兵战术中发挥了重要作用，萨珊王朝的骑兵部队引进了许多身形高大的骏马。

献祭，但基督教徒拒绝做出这种行为。即便有政府的指令，基督教徒依然坚持不肯祭祀，这对罗马帝国的"公共安全"造成了威胁，随之而来的是一场针对基督教徒的残酷迫害。

然而，德基乌斯恰恰是在多瑙河前线遭遇了最严重的困难，因为从东日耳曼尼亚而来的哥特

卢多维希石棺（第30—31页）

这座公元3世纪的大理石雕塑正面描绘了部落和罗马人之间的战斗场景，中心人物是皇帝德基乌斯的儿子霍斯蒂利安。现藏于罗马国家博物馆阿尔腾普斯宫。

人已逐渐占据了黑海北部海岸和下多瑙河两岸（罗马行省默西亚和达契亚的对面）。公元3世纪中叶，各方面都出类拔萃的尼瓦（Cniva）被哥特人选举为军事首领，而他渴望侵占罗马帝国的疆土以扩张势力范围，从而巩固自己的权力地位。公元251年，罗马帝国与哥特人之间爆发了惨烈的阿伯里图斯战役，德基乌斯战死。

这次溃败为罗马帝国带来了可怕的后果，它在巴尔干半岛的边境地区变得非常脆弱。毫无耐心的军队和密谋不断的元老院议员使得罗马帝国的政治局势更加动荡，在随后的两年里先后有五人宣布称帝，直到普布利乌斯·李锡尼乌斯·瓦勒利安努斯（Publius Licinius Valerianus，瓦莱里安）登基。瓦莱里安的儿子加里恩努斯也得到了"恺撒"的头衔，父子二人成为共治皇帝。在他们统治期间，"军事混乱"危机达到顶峰（公元253年—公元268年），内部的社会矛盾、农村和城市矛盾让罗马帝国风雨飘摇，中央权力和行省机构之间的矛盾不断激化（这预示着公元4世纪即将发生的大事件）。

与此同时，外部威胁也逐渐加剧。部落屡屡进犯莱茵河（阿勒曼尼人在中部，法兰克人、撒克逊人和弗里松人在北部）和多瑙河边境地区（哥特人），北非的柏柏尔游牧民族和萨珊王朝纷纷入侵，这让罗马帝国陷入了四面楚歌的境地。公元260年，沙普尔一世赢得了美索不达米亚、叙利亚的基督教徒和犹太教徒的信任，并取得了埃德萨战役的胜利。瓦莱里安战败被俘，最后死在狱中。

虽然罗马帝国一片凄风苦雨，但依旧有几项重大改革得以实施。瓦莱里安被俘之后，加里恩努斯成为唯一的奥古斯都，并在奥德奈苏斯（Odénat）的帮助下管理罗马东部。但是，篡权者波斯图穆斯（Posthume）在高卢自立为帝之后，加里恩努斯失去了西部行省。于是，加里恩努斯重新改组了罗马国内的行政机构和军队。

加里恩努斯鼓励军队职业化，改善招募和培训质量来巩固骑兵队的力量，提高部队的机动性，更加重视士兵通过军功实现晋升的通道。因此，加里恩努斯的军队总部出现了一个作战勇猛、能力超群、心系帝国安危的军官群体，而公元3世纪最后三十年的大部分皇帝也都出自这群人。

然而，财政和货币政策依旧受制于军费开支，导致货币逐渐贬值，而币制从银本位转向金本位更对经济造成了灾难性的影响。

伊利里亚诸帝

当加里恩努斯死于军队内部的阴谋刺杀时，他采取的专制和中央集权措施已见成效，这使罗马帝国暂时稳定下来。这次危机表明，主要的社会阶层和政治阶层之间、皇帝和元老院贵族之间、军队和行政机构之间、大城市平民和农村农民之间的团结是多么重要。

在伊利里亚诸帝的努力下，罗马帝国恢复了统一：他们是克劳狄二世（Claude Ⅱ）、奥勒良（Aurélien）、塔西佗（Tacite）、弗洛里安努斯（Florien）、普罗布斯（Probus）和卡鲁斯（Carus），有时也与其他不太知名的皇帝共治。所有这些皇帝都出身军队，大部分人来自伊利里亚。

克劳狄二世的统治时间很短（公元 268 年—公元 270 年），但他在多瑙河前线与哥特人的战争中取得了累累硕果，这为他赢得了"哥特征服者"的外号。继任者奥勒良的统治时期略长（公元 270 年—公元 275 年），他是克劳狄二世统治时期的一员大将，出身平凡，父亲是潘诺尼亚人，母亲可能是当地太阳神庙的一位女祭司。奥勒良重新统一了罗马帝国的疆土，实施了重要的宗教和税务改革，而税务改革的目标是更好地保障罗马城及其部队的供给。此外，奥勒良还推行了一项重大的货币改革，意图解决罗马帝国不断增长的开支问题。

奥勒良击退了入侵意大利的阿勒曼尼人，重新确定了多瑙河和巴尔干半岛的边境，让这些长期缺乏稳定的地区稳定下来。随后，奥勒良率军远征东部的帕尔米拉王国，目标是篡夺大权的芝诺比娅女王（Zénobie），并意图重新确立罗马帝国在这片地区的权威。奥勒良在高卢推行同样的军事政策，而该地区曾在加里恩努斯统治时期独立。

奥勒良班师回到罗马之后，元老院授予他"世界光复者"（Restitutor orbis）荣誉称号。奥勒良在四年之内巩固了罗马帝国的边境，把曾经分裂出去的疆土重新

奥勒良城墙

这座城墙是皇帝奥勒良下令修建的，目的是保护罗马，抵御公元271年的部落入侵。这座城墙最初环绕整座城市长19公里，防御工事的宽度为3.5米，每隔100罗尺（约29.6米）设有一座四角城楼。

收回。在罗马帝国疆土再次统一之后，奥勒良把重点放在了国内改革上，鼓励权力下放，增加行省的独立性。

奥勒良的宗教政策对后世也影响颇深。奥勒良声称君权受命于天，自诩为至高无上的权力在人间的代理人和"神和天命之主"（Deus et Dominus），让自己凌驾于变幻不定的军事利益和元老院利益之上。但是，传统的皇帝权力认证机构（元老院）不得不接

伊利里亚诸帝

公元268年—公元270年

克劳狄二世 他让入侵的哥特人遭遇了一场惨败，后在伊利里亚感染瘟疫而死。

公元270年

昆提卢斯（Quintillus） 他是克劳狄二世的弟弟，被奥勒良推翻。

公元270年—公元275年

奥勒良 他下令建造了一堵城墙把罗马围起来，以抵御入侵者。

公元275年—公元276年

塔西佗 他接替被刺杀身亡的奥勒良成为皇帝，几个月后他也遇刺身亡。

公元276年

弗洛里安努斯 他是近卫军统领，接替塔西佗成为皇帝，最后被自己的士兵杀死。

公元276年—公元282年

普罗布斯 他在东部被拥立为奥古斯都，但在击败哥特人后遇刺身亡。

公元282年—公元283年

卡鲁斯 他是普罗布斯的继任者，在波斯首都泰西封附近底格里斯河岸的一场战役中死去。

公元283年—公元285年

卡里努斯（Carin） 他是卡鲁斯的继任者，在与戴克里先的战斗中死去。

公元283年—公元284年

努梅里安（Numérien） 他被近卫军统领阿佩尔（Aper）刺杀身亡，后者又被卫队指挥官戴克里先杀死，随后戴克里先被拥立为皇帝。

受这种"神圣关系"，这也预示了戴克里先以传统多神教的名义、君士坦丁以基督教的名义所推行的政策。

正值权力巅峰的奥勒良，在色雷斯的佩里特附近被一群军官刺杀身亡。元老院首席元老、年迈的克劳狄·塔西佗（Claude Tacite）继位成为新皇帝，他宣称自己是自由和国家的光复者，也是历史学家塔西佗（Tacite）的后人，以此作为自己重视传统的象征。然而，塔西佗的统治仅仅维持了几个月时间（公元 275 年—公元 276 年）。

经过一段动荡时期之后，普罗布斯继承帝位（公元 276 年—公元 282 年）。普罗布斯是一位卓越的将领，成功平定了叙利亚和高卢的叛乱。不幸的是，普罗布斯也遭遇了背叛和刺杀，近卫军统领卡鲁斯继任成为新皇帝。又一段动荡时期开始，篡权、军事政变、背叛和谋反此起彼伏，一直持续到"军事混乱"时期结束、戴克里先被拥立为皇帝为止（公元 284 年）。在这段时期里，最能揭示其混乱特征的事实是：在公元 238 年—公元 285 年间，没有任何皇帝是自然死亡的。总的来看，"军人皇帝"很难推行连贯、持久而有效的政策，也无法和元老院和谐共处，这导致罗马陷入了一场真正的制度危机之中。同时，日耳曼民族的人口增长和频繁入侵导致罗马的处境进一步恶化，罗马帝国似乎已经无法正常管理了。

戴克里先与"四帝共治"

在这种背景下，戴克里先如同天降大任之人一般出现了。戴克里先确立了"四帝共治"制度，恢复了罗马的政治秩序。这种新政体把罗马帝国划分为四个地理区域，每个地区由一位奥古斯都（正帝）或恺撒（副帝）进行管理，他们都被视为合法的继承者。这种管理模式更能适应时代需要，有效地保护了边境地区，但是东部和西部行省的疆域和行政划分加速了罗马帝国的衰落。

戴克里先被视为罗马帝国晚期最重要的皇帝，也是史书上所称的"多米那特"制（Dominat，即君主制）的第一位皇帝。戴克里先让皇帝的权力朝着更加极权的方向发展，与罗马帝国早期的"普林斯"制（Principat，即元首制）思想彻底决裂——在"普林斯"制实施过程中，皇帝只是第一公民。戴克里先是"军人皇帝"的代表，他在军事领域雄心勃勃，但行动范围并未局限于此。

戴克里先在登上帝位后不久，明智地任命马克西米安为共治皇帝，共称奥古斯都。共享帝位的马克西米安来自伊利里亚，他平定了高卢地区的农民起义，在莱茵河前线击退了阿勒曼尼人、勃艮第人和埃卢尔人，在北非地区稳定了被摩尔人和柏柏尔人威胁的南部边境。在这些军事行动中，马克西米安依靠的是同样来自伊利里亚的杰出将领君士坦提乌斯（君士坦提乌斯一世），后来他将其任命为帝国的恺撒。

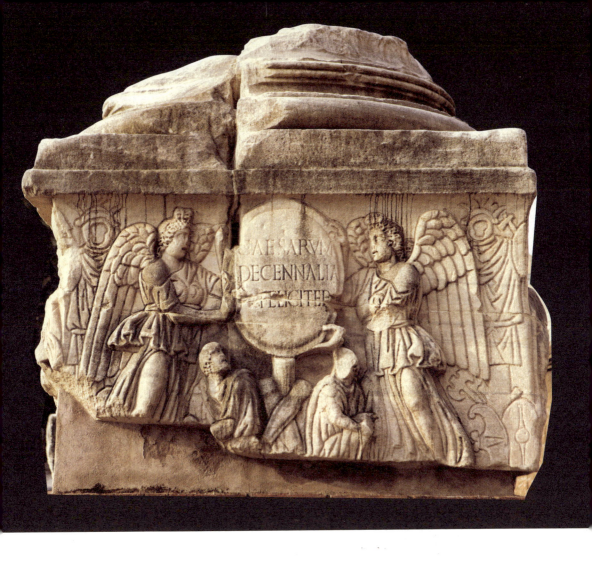

戴克里先也在多瑙河、埃及和东部地区等多个前线奋战，辅佐他的伽列里乌斯也是来自伊利里亚的军人，后来被封为恺撒与戴克里先共同治理帝国东部地区。在平定了多瑙河边境地区之后，戴克里先和伽列里乌斯把目光转向了亚洲，因为萨珊王朝正试图重新推行沙普尔一世的扩张政策。此时，波斯人在君主纳尔赛（Narsès，公元293年—公元302年在位）的领导下迎来了黄金时代。纳尔赛从亚美尼亚开始进犯罗马帝国疆土，但最终他不得不退回美索不达米亚。在一系列军事冲突之后，塞普蒂米乌斯·塞维鲁时期确定的罗马帝国边境线得以恢复。

戴克里先的统治

圆柱基座上的装饰浅浮雕是庆祝戴克里先和马克西米安执政二十周年（Vicennalia）和两位恺撒执政十周年（Decennalia）。值此庆祝之际，戴克里先命人在古罗马广场的演讲台后方竖起了303根巨型圆柱。

"四帝共治"制：稳定的政体

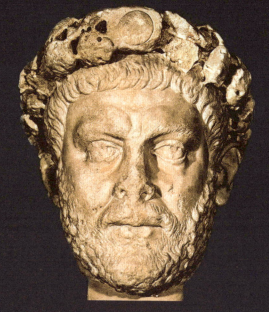

在3世纪危机（公元235年—公元285年）之后，为了结束塞维鲁·亚历山大死后的动荡局面，戴克里先创立了"四帝共治"制。公元286年，戴克里先将马克西米安任命为西部地区的奥古斯都。公元293年，戴克里先任命君士坦提乌斯为马克西米安的恺撒。同年，伽列里乌斯被提拔为东部恺撒。每位执政者负责特定的地理区域，但对罗马帝国的行政划分只是局部的，因为戴克里先依旧享有"大皇帝之权威"（Auctoritas Senioris Augusti）并凌驾于其他执政者之上。二十年后，两位奥古斯都退位，将权力转移给两位恺撒，这两位恺撒再任命继承者。

戴克里先 公元284年—公元305年为奥古斯都，他把宫殿选在了尼科米底亚（今土耳其伊兹米特）。这座戴克里先的大理石头像现藏于伊兹米特城市博物馆。

马克西米安 他是伊利里亚人，也是戴克里先的军事伙伴，后被戴克里先任命为奥古斯都，统治时间为公元286年—公元305年。这座马克西米安的大理石雕像现藏于米兰考古博物馆。

伽列里乌斯 他被戴克里先任命为恺撒，后在公元305年—公元311年间担任奥古斯都。这座伽列里乌斯的斑岩头像在塞尔维亚加姆济格勒被发现，现藏于扎耶查尔国家博物馆。

君士坦提乌斯一世 他是伊利里亚将军，马克西米安的女婿，立下战功无数，并在公元305年—公元306年成为奥古斯都。这座君士坦提乌斯一世的雕像现藏于哥本哈根嘉士伯艺术博物馆。

帝国重组

军事胜利和"四帝共治"带来了政治平衡，罗马帝国边境终于稳定下来。戴克里先、马克西米安、君士坦提乌斯和伽列里乌斯这四位君主同样实施了行政改革，他们的政策涵盖了军队、国土整治、经济和货币政策这四个领域。

罗马帝国的防卫和安全，要求军队必须更加高效。为了提高军队面对外敌威胁时的反应力和机动性，军团数量从 39 个增加到 60 个。每个边境行省驻扎有两个军团并配有附属部队，同时边境部队的指挥者是军事长官，属于骑士阶层。这种组织形式把行省总督的民政管理权和军事长官的军权区分开来，骑兵在罗马帝国内部的权力得以巩固。

为了保护边境不受外敌攻击，戴克里先沿着边境线修建了巧妙的防御工事体系，该体系由碉堡、要塞组成，甚至还有高大的围墙。军团部队和附属部队驻扎在防御工事中，许多士兵和他们驻守的地区都有着密切联系。

除了军事改革，戴克里先也进行了大规模的地区行政改革。由于某些行省的面积越来越大，管理愈发困难，戴克里先必须采取措施来保证帝国的中央集权与对外扩张之间的平衡。不过，行省拆分虽然能够让管理更加合理，但也会导致官僚体系的规模扩大，从而增加税收压力。

大部分行省都由骑士阶层的行省总督管辖。其他行省，有的属于执政官行省，其总督来自元老院阶层；有的属于指导官行省，归骑士阶层或元老院管辖。

最后，戴克里先设计了一种政治和行政组织机构，行省的行政管理由近卫军统领负责。为此，戴克里先创立了行政区作为新的领土单位，每个行政区下辖数量不等的行省。罗马帝国的所有行省都被划归到 12 个行政区中：东方行政区（Orient）、默西亚行政区（Mésie）、亚细亚行政区（Asie）、意大利行政区（Italie）、高卢行政区（Gaule）、黑海行政区（Pont）、潘诺尼亚行政区（Pannonie）、维埃纳行政区（Viennoise）、色雷斯行政区（Thrace）、西班牙行政区（Hispanie）、不列颠行政区（Bretagne）和阿非利加行政区（Afrique）。

戴克里先认为，这种新行政结构最能够保证地域多样性，可以消除"军事混乱"

戴克里先：新局面和行政改革

为了彻底结束政治动荡局面，加强边境安全，戴克里先对罗马帝国进行了重组。新的行政机构，改变了军事权力和民事权力集中在行省总督手中而政变频发的情形。

戴克里先将行省数量增加了一倍。其行省数量增加到 100 个，分属 12 个大行政区，每个行政区由一名代理官负责管辖。这些行政区是有效的管理工具，甚至在西罗马帝国崩溃后，这种行省制度也被保留下来。在某些人看来，这些行省的边界是现代西方国家国境线的雏形，如不列颠（不列颠尼亚）、法国（高卢）、西班牙（伊斯巴尼亚）等。但是，罗马帝国太过庞大，戴克里先无法独自管理，于是他确立了一种由四个皇帝、四座都城构成的管理模式——"四帝共治"制。戴克里先居住在尼科米底亚，管理罗马帝国最东部地区。伽列里乌斯坐镇西尔米乌姆，管理从多瑙河南部、阿尔卑斯山到黑海这部分区域。马克西米安（右图，皇帝肖像金币）身在米兰，掌管意大利。君士坦提乌斯的都城在特里尔，他负责管理不列颠（不列颠尼亚）和高卢。这种体

时期那种地方行省势力不断增强从而对王位造成威胁的情况。自治省制度曾是罗马帝国的另一根支柱，但这一时期它已经无法有效发挥为帝国服务的功能。相比之下，戴克里先的新行政机构巩固了中央集权。

这些军事和行政改革的落实需要一个复杂的官僚制度，而这种制度要建立在坚实的财政基础之上。政府要想获得额外收入，必须设置一个有效可靠的税务机构。因此，戴克里先进行了一项经济和税制改革，将传统的土地税和人

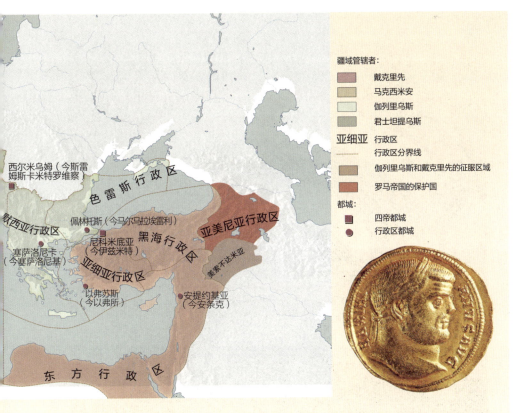

西尔米乌姆(今斯雷姆斯卡米特罗维察)

色雷斯行政区

默西亚行政区

佩林托斯(今马尔马拉埃雷利)

尼科米底亚(今伊兹米特)

黑海行政区

亚美尼亚行政区

塞萨洛尼卡(今塞萨洛尼基)

亚细亚行政区

美索不达米亚

以弗苏斯(今以弗所)

安提约基亚(今安条克)

东方行政区

制能够更好地管理疆域,更灵活机动地应对外部威胁。戴克里先也进行了军事改革,军队被分为两个主要部分:一部分是负责监控边境的边防军;另一部分是驻扎在都城的巡防军,随时准备增援边防军。

头税合并起来。

最后,戴克里先还试图恢复民众对货币的信心,虽然以前的皇帝们也进行过努力,但长期的不稳定依然让人们难以恢复信心。公元3世纪末,虽然边境地区稳定下来,但反复出现的通货膨胀越来越严重。因此,戴克里先颁布了一项关于货币的敕令,提高了金币和银币等流通货币的质量。实际上,低质量货币的流通范围却越来越广,如铜币或镀银货币等。结果,新货币体制未能达到预期目

戴克里先统治时期：对基督教的迫害

公元 303 年，两位奥古斯都（戴克里先和马克西米安）和两位恺撒（伽列里乌斯和君士坦提乌斯）废除了基督教徒在整个帝国境内的权利，他们迫使基督教徒遵守居住地区的传统宗教仪式。这是罗马帝国掀起的最大规模的基督教徒迫害浪潮。

从公元 1 世纪开始，基督教徒就生活在罗马社会的边缘。然而，没有任何一位皇帝发布敕令反对他们的信仰，虽然迫害时有发生，但并非行省的行政官员或特派官员所为。这四位共治的皇帝发动了大范围的宗教迫害，而公元 3 世纪中叶时德基乌斯和瓦莱里安这两位奥古斯都也为了阻止基督教快速传播曾经有过这种行为。戴克里先在驱逐军队中的基督教徒之前，曾判处摩尼教徒斩首，因为他们从事的是来自"波斯"的宗教。不同程度的迫害一直持续到公元 313 年《米兰敕令》（*Édit de Milan*）颁布——这项敕令允许基督教徒在罗马帝国境内有宗教信仰的自由，承认了基督教的合法地位。

插图 位于罗马圣塞巴斯蒂安的地下墓穴。根据基督教传统，在戴克里先统治时期殉教的圣人的遗骸保存在此处。

标，国内经济又连续经历了多次通货膨胀。

通货膨胀导致民众生活成本上升，投机倒把活动出现。为了压制这种趋势，戴克里先在公元301年颁布了一项限制粮食和运输价格以及劳动薪酬的敕令。这项价格调控措施导致购买力相对下降，但它的目的主要是保护普通民众阶层，防止他们的生活陷入悲惨境地。然而，这项政策所取得的成效转瞬即逝，商人开始非法倒卖商品，商品价格再次高涨。

为了重申皇帝权威的合法性，戴克里先也选择了回归传统宗教。除此之外，戴克里先还实施了道德改革，而一项限制性更强的新婚姻法就是改革的一部分。戴克里先在回归罗马传统宗教的同时，也对"新宗教"实施了残酷的镇压，如与波斯帝国有关联的摩尼教。公元303年左右，戴克里先下令对基督教徒进行残酷迫害。不过，军队中的某些群体仇视宣扬和平主义的基督教，他们的煽风点火也是戴克里先发动宗教迫害的原因之一。

权力的过渡

在这一时期，戴克里先决定和马克西米安同时退位。根据制度规定，君士坦提乌斯和伽列里乌斯这两位恺撒获得了"奥古斯都"头衔，同时被拥立为皇帝。其实，戴克里先选择退位的时机非常恰当，因为此时边境地区已恢复和平，主要的行政改革已经落实，宗教政策也得以重申。

公元305年，戴克里先和马克西米安正式退位。成为奥古斯都的君士坦提乌斯和伽列里乌斯任命了两位恺撒——马克西米努斯·代亚（Maximin Daïa）和弗拉维乌斯·瓦勒里乌斯·塞维鲁（Flavius Valerius Severus），前者是年轻的军官、伽列里乌斯的外甥，后者是伊利里亚军人、伽列里乌斯的朋友。在权力结构不太稳定的情况下（在任命两位恺撒的过程中，伽列里乌斯的影响力更大。相比于君士坦提乌斯而言，最终人选与伽列里乌斯的关系更为亲近），罗马帝国从公元305年开始进入了一个新时期。

不管怎样，这次权力过渡使得"四帝共治"制得以延续。该政体的初衷是让执政权力的实施正常化，避免前一时期频繁发生的篡权和政变。当时，社会大环境

斯普利特的戴克里先宫

这座宫殿修建于公元300年左右，它是按照兵营的布局设计的，包括两条垂直交叉的道路，三座通往外界的加固大门，四角各有一座方形塔楼。其中，第四面宫墙外是亚得里亚海，而且宫殿内部有一座八角形的朱庇特神殿。几个世纪之后，朱庇特神殿成了教堂。

要求统治者必须采取恰当的措施（主要是军事和行政领域），因此"四帝共治"制是时事造化的必然结果，不是一种早已有之的概念，也不是某种政治理论的表现。

在整个公元3世纪里，没有任何一位皇帝能够平息罗马帝国面临的内外交困处境所带来的强大压力，而这种新的执政模式能够满足帝国走出困境的需求，也符合社会各阶层的期待。帝国权力按照疆域进行分配的新形式（每位皇帝负责的疆域版图基本确定）以及行政区的确立，符合地方分权的必然发展趋势。与此同时，帝国的税制也根据地方的社会经济情况进行了改革（这是自给自足的生产单位在后来出现的动因所在）。

公元 3 世纪充满了各种深层危机，长期存在的军事混乱、部落尤其是日耳曼民族的频繁入侵等都是危机最典型的表现。在风雨飘摇之际，只有强权人物（如戴克里先）才能够重整罗马帝国的河山，并根据政治和社会实际情况来调整机构模式。

但是，戴克里先没有预料到的是，"四帝共治"制在中期时就加速了罗马帝国东部和西部的分裂，并最终加快了帝国走向崩溃的步伐。不过，公元 3 世纪的危机也已经让莱茵河和多瑙河边境地区变得不堪一击了。尽管如此，罗马帝国再一次证明了它适应新时代的超强能力。这些改革同样也扩展到了宗教领域，基督教被逐渐接受，最终成为罗马帝国的官方宗教。

档案：反抗罗马的纳巴泰人

在很长一段时间里，纳巴泰人一直反抗罗马人的统治。纳巴泰王国的某些城市如佩特拉等，是古代最令人心驰神往的中心城市。

纳巴泰王国位于近东地区，它在鼎盛时期的疆土从叙利亚南部省份一直延伸到阿拉伯半岛西北部和红海沿岸，而且外约旦地区和西奈半岛也被纳入版图之内。佩特拉和波斯拉位于近东商道的十字路口，是名副其实的商业和交通枢纽。

最早描写纳巴泰人的，是公元前1世纪的希腊历史学家——西西里的狄奥多罗斯（Diodore）。纳巴泰人没有明确的政治身份和领土范围，他们最早是游牧民族且严重依赖游牧的生活方式，那些胆敢定居下来的人甚至会被处死。他们以牲口的肉、奶和野生植物为食，把水用罐子收集起来

宝藏（第46页） 佩特拉城入口有名为"法老大宝藏"（Trésor du Pharaon）的令人震撼的建筑，它有可能是国王亚哩达四世（Arétas Ⅳ）的墓地。

纳巴泰王国的辉煌与衰落

公元前312年

安提柯（Antigone le Borgne） 小亚细亚的马其顿王国两次向纳巴泰人发动远征，均遭失败。

公元前169年—公元前167年

亚哩达一世（Arétas Ⅰ） 他是能够考证的第一位纳巴泰国王，其支持以色列的马加比家族发动了反对塞琉古王朝的马加比叛乱。

公元前85年

纳巴泰人战胜了塞琉古国王安条克十二世（Antiochos Ⅻ）。

公元前63年

庞培（Pompée） 他征服了耶路撒冷，创立了罗马帝国的叙利亚行省。他的队伍向佩特拉城发动进攻，但未能将其攻下。

公元前9年—公元41年

亚哩达四世 他派军队攻打犹太人，赢得了罗马帝国的信任。纳巴泰王国迎来最辉煌的时期。

公元106年

纳巴泰 拉贝二世（Rabbel Ⅱ）死后，纳巴泰王国被并入罗马帝国，成为新的阿拉伯佩特拉行省。

芝诺比娅

女仆陪伴下的帕尔米拉王国女王芝诺比娅，公元2世纪的墓葬浅浮雕。

商队帝国

纳巴泰王国的繁荣源自巨额贸易收入。中国丝绸通过中亚陆路和海路运到这里；香料，尤其是肉桂和胡椒（用作调味品，某些仪式中也会使用），来自也门和非洲之角；用于香水、制药和宗教仪式的芦荟、没药和乳香也很受欢迎；死海的沥青可以用来嵌填船缝。所有这些产品都从佩特拉出发，运往地中海的重要市场，如罗马和亚历山大。

① **北方商路** 这条商路穿越好几座城市，如杰拉什和大马士革，连接佩特拉和帕尔米拉。公元1世纪，帕尔米拉取代佩特拉，成为罗马和东方的商业枢纽。

② **红海商路** 西方的商路网络穿越内盖夫沙漠和西奈沙漠，把佩特拉与地中海港口和埃及连接起来。

③ **穿越沙漠** 一条更加危险的商路穿过了阿拉伯半岛，它将佩特拉和黑格拉连接起来，然后从黑格拉一分为三。

并用灰泥密封后埋入沙子里，只有他们自己才知道隐藏地点。

这种生活方式虽然朴素，但乳香、没药和香料等奢侈品贸易却让他们逐渐富裕起来。他们从"幸福的阿拉伯"（Arabie heureuse，今也门）进口这些货物，然后运往地中海地区。他们在每段商旅之路都征收重税，以此来垄断奢侈品的商品贸易。

公元前312年，纳巴泰人已经有了文字。他们的文字源自当时近东地区的通用语阿拉姆语，并从阿拉伯语中借用了某些词语和语法结构形成了自己的文字体系，而现代阿拉伯语的文字就由此演变而来。

考古学家发现的纳巴泰人的文献内容局限于某些领域，变化不多，如他们信仰的宗教、社会组织形式、人名和地名（如神的名字）等。至今，尚未发现纳巴泰人自己的神话体系或详细的法令文本。

亚历山大帝国灭亡之后，庞大的疆土被一些实力强大的民族占据，纳巴泰人不得不面对这些凶悍的劲敌。纳巴泰人是连接东西方的桥梁，这也成为他们在战事频繁、动荡不安的环境中生存下来的王牌。

一个王国的诞生

在希腊化时期，即便强敌环绕，纳巴泰人依旧保持着某种程度的独立。但是，他们被迫向统治埃及的托勒密王朝发动了一场残酷的战争，以确保对地中海和红海商路的控制权。与托勒密王朝的长期接触，影响了纳巴泰人的文化。因此，都城佩特拉的建造模仿了希腊化建筑，纳巴泰人接受了埃及对伊西斯女神（Isis，掌管生命、魔法、婚姻和生育）的崇拜。

即便是亚历山大帝国分裂后统治东部地区的塞琉古王朝，也无法阻止纳巴泰王国的迅速崛起。公元前85年，安条克十二世向纳巴泰人发动战争但遭遇惨败，这位塞琉古王朝的国王也在卡纳战役中阵亡。胜利的奥博达一世（Obodas Ier）不久后去世，他的遗体安葬在奥博达新城（又说是内盖夫沙漠中的阿夫达特），并被尊为以佩特拉为都城的纳巴泰王国的奠基者。

奥博达一世的继任者亚哩达三世（Arétas III）向塞琉古王朝发动战争，扩大了王国领土。但是，纳巴泰人没能抵挡迅速崛起的罗马人的猛烈进攻。自从公元前133年罗马人吞并了小亚细亚的帕加马王国之后，罗马的野心日益见长，意图控制近东地区。公元前63年，庞培大帝（Pompée le Grand）出兵叙利亚，推翻了安条克十三世（Antiochos XIII）的统治，加速了塞琉古王朝的覆灭。

玛甸沙勒

公元前1世纪—公元1世纪之间修建的纳巴泰陵墓，位于阿拉伯半岛西北部的黑格拉纳巴泰古城。

佩特拉的皇家陵墓（第52—53页）

这些墓穴在山岩上雕刻而成。其中，这个建筑群的第一部分是宫殿墓。

庞培攻占耶路撒冷之后，试图征服纳巴泰王国，但是他的军队再次失败。纳巴泰人守在固若金汤的佩特拉城中，罗马军团被迫撤退，而在几个世纪之前罗马军团曾经击败过亚历山大旧部安提柯的部队。

然而，纳巴泰王国依旧成了罗马的附属国，被并入新建的叙利亚行省。罗马人的统治并未阻止地处罗马帝国和波斯帝国边境的纳巴泰的城市发展，尤其是佩特拉。除了地理位置外，奥古斯都时期的和平局面也增加了它们的贸易吸引力。

佩特拉的辉煌

在亚哩达四世统治时期（公元前 9 年—公元 41 年），佩特拉城的发展达到了鼎盛。学者斯托拉波（Strabon）在《地理书》（*Géographie*，成书于公元 1 世纪）中描绘了佩特拉城的富裕生活：这座城市中有美轮美奂的建筑，盛产金银，土地肥沃，牛羊成群。

希腊化时代的影响甚至体现在宫廷礼仪中。僧侣们模仿"希腊人之友"（Philhellène）——亚哩达三世，在君主名字前面或后面加上修饰语，以致敬希腊化时代的君主，如"爱民之君""人民救世主"等。君主的妻子被称为"姐妹"，宰相被称为"兄弟"。下属们也有希腊名字，如"战略家"（stratège，该词原指古雅典十将军会成员）、"依巴谷"（hipparque，该词为古希腊天文学家依巴谷的名字）、"大总管"（stratopédarque）等。

此外，从某些保存至今的文献来看，除了纳巴泰语，希腊语也被广泛使用于官方文件中。纳巴泰神庙中的神最终也与希腊众神相融合，如他们信奉的主神杜沙纳（Dushara）类似宙斯（Zeus）和狄奥尼索斯（Dionysos），丰产和生育女神乌莎（Uzza）很像阿芙洛狄忒（Aphrodite）。除了传统姓氏之外，纳巴泰精英阶层也使用希腊名字。

纳巴泰民族曾经的朴素游牧生活被视为独立的象征，但令人好奇的是，这种生活方式却催生了一种贪求财富的文明。根据学者斯托拉波的记录，财富缩水的佩特拉居民要被迫缴纳罚金，但财产不断增加的居民却会获得无数荣耀和政治职务。

希腊式宴会或酒会也成为纳巴泰精英阶层的聚会模式。宴会上有从公元前 3 世纪开始大量进口的罗德岛葡萄酒（在佩特拉发现的数量众多的罗德岛双耳尖底瓮便是例证），极尽奢华之能事，而且遵循细致入微的礼节。酒会的宾客不能超过 13 位，每个人最多可饮用 11 杯葡萄酒。不同的场合要使用不同的金杯，奴隶不得在场，甚至君主也要遵循这些礼仪并亲自侍奉宾客。

国王之城

纳巴泰王国虽是君主政体，但佩特拉城中也有一些"民主"元素，或许这是旧习俗的遗留。在纳巴泰人的游牧民族时代，部落首领不过是从同级别中选出的资深之人，或许这些民主元素也源自对希腊城邦的效仿浪潮。国王要在集会上向臣民汇报政治情况，而佩特拉大神庙的剧场很可能就是这样的集会地点。

学者斯托拉波同样提到了佩特拉法庭的权威及其在地中海的重要性，而死海南部发现的大量莎草纸古卷就是例证。同时，来自死海沿岸城市麦侯扎（在今约旦境内）的犹太女子芭芭莎（Babatha）的卷宗也是重要的物证。这些被芭芭莎收藏的文献包括一系列契约、审判书和诉讼笔录的副本，而这些文献的原本收藏在佩特拉城中的阿芙洛狄忒圣所。

佩特拉的建筑也受到希腊-罗马的影响。最早出现在希克峡谷出口处的建筑是卡兹尼神庙，又被称为"法老大宝藏"，它有可能是亚哩达四世的陵墓。这座壮观而奇特的建筑属于希腊-罗马艺术风格，它表明了君主打造一座威严无比的都城的意愿，且这座都城要配得上在罗马帝国庇护下的希腊化王国的荣耀。佩特拉城中的主要建筑是在亚哩达四世统治时期建造（甚至扩大）的，如剧场或者女儿宫神庙和飞狮神殿等，至今我们依然可以欣赏到其中的某些建筑。

学者斯托拉波也描绘过奢华的私人宅邸，这表明纳巴泰人从希腊时期就已经定居下来。大部分私宅并没有建在道路网周围，而是建在了山谷两旁天然形成的平台上。考古学家在遗址中发现了复杂的居民供水管道系统，该系统也用来维护水池和花园。

奢华的住宅

埃兹赞图尔是一块能够俯瞰罗马人开辟的大道的区域。据考古学家发现的废墟表明，在公元 1 世纪，这里曾有大片豪华壮观的住宅。这些住宅里有无数房间，包括温泉浴室、天井、厕所等，也有许多雕塑、进口的大理石、庞贝风格的马赛克和绘画，佩特拉居民奢华的生活风格尽显无疑。

这片古城是佩特拉行政区的最高司法机构所在地。公元 130 年，罗马皇帝哈德良（Hadrien）曾访问佩特拉并受到了超高规格的接待，他将这座城市重新命名为"哈德良佩特拉"。约一个世纪之后，塞维鲁王朝加强了皇权与近东地区之间的联系。塞维鲁王朝的奠基人塞普蒂米乌斯·塞维鲁迎娶了叙利亚埃麦萨城的巴力神大祭司的女儿尤利娅·多姆娜（Julia Domna）。公元 3 世纪初，罗马皇帝埃拉伽巴路斯（其外祖母是尤利娅·多姆娜的妹妹尤利娅·马伊莎）让佩特拉成了罗马殖民地。

一起悲剧事件的发生，标志着古城佩特拉的终结。公元 363 年，一场地震摧毁了城中的拱廊大道，造成了重大损失。在当时，基督教已经渗透进佩特拉城中，对建筑风格产生了重大影响。著名的修道院和金翁墓等都成为基督教场所，此外还有一座敬献给圣母玛利亚的新教堂。大主教西奥多罗斯（Théodore）把住址选在了佩特拉，他的教区包括整个阿拉伯和叙利亚-巴勒斯坦地区。

宏伟的帕尔米拉

帕尔米拉坐落在叙利亚沙漠之中，是另一座重要的沙漠商队必经的城市。公元前 2 世纪左右的塞琉古王朝统治时期，帕尔米拉获得独立。帕尔米拉人和希腊化王朝之间的关系对这座城市的历史产生了重要影响，促进了当地文化（阿拉姆和阿拉伯）与希腊文明的交流。帕尔米拉的建筑和城市规划都体现了这一点。

公元 64 年，叙利亚成为罗马帝国的行省，帕尔米拉位于通往东方的重要商道之上，熙熙攘攘的沙漠商队带来了城市的繁荣。哈德良给予帕尔米拉"自由城"的地位，把它的名字从阿拉姆语的"Tadmor"（塔德默）改成了拉丁语的"Palmira Hadriana"（帕尔米拉哈德良，"palmira"意为棕榈园）。这座边境之城同时受到罗马帝国和美索不达米亚的影响，具有战略性的政治和贸易地位。

在漫长的罗马和平时期，帕尔米拉成了一座开放的大都市，发达的贸易保证了

帕尔米拉：一座与众不同的城市

在公元1世纪—公元3世纪之间，宏伟的帕尔米拉城有一道护城墙，城市、绿洲和大部分墓地都在城墙之内。

插图 巨型拱门和柱廊大道。

① **椭圆广场** 这座广场连接的是第二道横向柱廊和其中一座城门。

② **柱廊大道** 这条大道长1.2公里，两旁有200多根科林斯圆柱。

③ **巴尔夏明神庙** 这座小型建筑内供奉的是一个源自腓尼基的神。

④ **四方台** 这座建筑是城市内两条主干道的十字路口。

⑤ **剧场** 一排石板把表演区域和台阶分割开来。

⑥ **奈布神庙** 供奉的是掌管文字的巴比伦的奈布（Nabû），他与阿波罗有相似之处。

⑦ **巨型拱门** 这座拱门建在三角形基座之上，与贝尔神庙（Temple de Bel）在一条直线上。

⑧ **贝尔神庙** 供奉的是帕尔米拉的三位主神——贝尔、亚希波尔（Yarhibol）、阿格利波尔（Aglibo）。

城市的兴盛。随着城市规模不断扩大，帕尔米拉需要进行重新规划。根据罗马建筑传统建造的庙宇，供奉的是东方闪米特人的神灵。城市规划的标准是罗马的直线模式，同时也保留了东方城市的某些复杂特征。因此，这座城市没有采用东西向和南北向大道贯穿全城的罗马传统结构。

在帕尔米拉，拉丁语和各种各样的东方语言混杂在

一起，以用于商贸交易。在这一时期，这座叙利亚大城市就像"一个哭泣的贝都因女子，因为她的衣着如同罗马女人"（引自英国女诗人薇塔·萨克维尔–韦斯特 [Vita Sackville-West] 的诗歌）。

　　只要帕尔米拉这座城市的特殊边境贸易枢纽的地位得以保留，它就能够容忍外来统治。然而，成为摄政女王的芝诺比娅敢于藐视罗马帝国的权威，让这座城市获得了完全的独立地位。公元 259 年，罗马皇帝瓦莱里安被萨珊王朝击溃并俘虏之后，帕尔米拉迎来了转机。在帕尔米拉本地"君主"塞普蒂米乌斯·奥德奈苏斯的领导下，这座城市得以捍卫与罗马帝国的边境。公元 266 年，奥德奈苏斯死后，他的遗孀芝诺比娅决定脱离罗马独立，建立帕尔米亚王国，并与儿子瓦巴拉特（Wahballat）共治。

虽然时常遭到罗马军队的围攻，但帕尔米拉这座城市在六年之内始终保持独立，甚至把势力范围扩展到了埃及。公元 272 年，芝诺比娅公开藐视罗马政权，表示自己要像克利奥帕特拉（Clépoâtre）一样宁死也不愿活着受辱。芝诺比娅最终战败，成为罗马皇帝奥勒良的阶下囚。在凯旋之时，罗马皇帝奥勒良命人用金锁链把芝诺比娅绑在战车上游街示众。公元 273 年，帕尔米拉的居民再次发动叛乱，随后这座城市被夷为平地，沦为废墟。

公元 3 世纪末，戴克里先重建了帕尔米拉城，但它再也无法重现往日的辉煌。重建的帕尔米拉城规模很小，仅仅被用作抵抗萨珊王朝的军事要塞。在公元 636 年被穆斯林征服之前，帕尔米拉的处境几乎没有什么变化。1089 年，一场地震将帕尔米拉城彻底摧毁。

纳巴泰人的没落

公元 1 世纪，纳巴泰人继续在王国其他地区大兴土木，而王国都城被迁到了北方的波斯拉。在这段繁荣时期，其他纳巴泰城市也一片欣欣向荣。同一时期，罗马帝国在近东地区的军事实力不断增强，平定了犹太叛乱（公元 66 年—公元 70 年），并应对周围的帕提亚王国的威胁。

随着罗马帝国在该地区的势力日益强大，公元 106 年纳巴泰王国的最后一任国王拉贝二世去世后，罗马皇帝图拉真（Trajan）将该王国彻底吞并。在公元 106 年—公元 114 年间，图拉真命人修建了新图拉真大道，这条大道途经佩特拉和周围城镇，横穿阿拉伯地区。在向帕提亚王国发动进攻之前，图拉真修建了许多工程，为帝国边境的军事活动提供行动便利。

曾经的纳巴泰王国成为新的罗马行省——阿拉伯佩特拉行省的中心，该行省的都城是波斯拉。同时，佩特拉保留了"阿拉伯大都市"的名号，成为众所周知的行政中心，而帕尔米拉则在很大程度上恢复了往日的贸易辉煌。

　　公元7世纪，穆斯林征服了这一地区，往日的纳巴泰王国彻底衰落，仅剩一些游牧民族的小村庄。在随后的若干世纪里，纳巴泰王国的废墟成了贝都因沙漠商队的休憩之地，直到考古学家重新将其发现后，它的古代辉煌才再次为人所知。

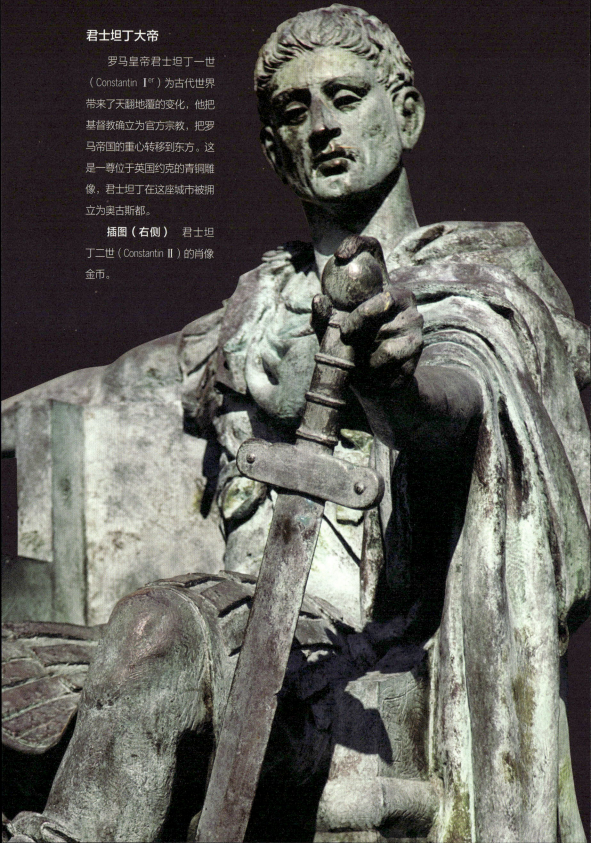

君士坦丁大帝

罗马皇帝君士坦丁一世
（Constantin Ier）为古代世界
带来了天翻地覆的变化，他把
基督教确立为官方宗教，把罗
马帝国的重心转移到东方。这
是一尊位于英国约克的青铜雕
像，君士坦丁在这座城市被拥
立为奥古斯都。

插图（右侧） 君士坦
丁二世（Constantin II）的肖像
金币。

从君士坦丁到狄奥多西

公元 3 世纪的混乱结束之后，罗马皇帝戴克里先和君士坦丁重新恢复了帝国威严。然而，"四帝共治"制加剧了地方分权，种下了帝国东西方分裂的祸根。公元 4 世纪的政治突变在狄奥多西统治时期最终完成，他是最后一位统治统一的罗马帝国的奥古斯都，随后罗马帝国正式分裂。

"四帝共治"制的确立和伽列里乌斯的霸权是公元 4 世纪初的主要特征。随后的时期可以分为三个阶段，每个阶段都遭遇了政治体制困境：君士坦丁及其后代的统治时期（基督教在罗马帝国全面发展，只有"背教者"尤利安 [Julien] 在统治期间压制基督教）、瓦伦提尼安王朝统治时期，以及最后的狄奥多西统治时期。狄奥多西统治的最终结果，就是罗马帝国正式分裂为东罗马帝国和西罗马帝国。

在第二轮"四帝共治"期间，平等分配权力导致每位皇帝控制的疆域界限越来越清晰：小亚细亚、希腊和巴尔干半岛属于伽列里乌斯，埃及和东部其他地区属于他的外甥马克西米努斯·代亚；君士坦提乌斯继承了高卢、不列颠和西班牙，塞维鲁控制的是非洲、意大利和潘诺尼亚的一部分。然而，帝国各地的政府机构依旧保持一致，"四帝共治"的前提是在协商一致的条件下执政，其中伽列里乌斯的级别最高，监管整个帝国。

公元 306 年，即执政区域分配结束一年后，君士坦提乌斯从不列颠凯旋之后不久便去世了，军队拥护他的儿子君士坦丁为奥古斯都。这种做法没有遵循"四帝共治"的继承传统，但伽列里乌斯不愿反对，便接受了这一既成事实，并决定将其合法化。然而，伽列里乌斯只承认君士坦丁为恺撒，并坚持让塞维鲁成为奥古斯都。

几个月之后，塞维鲁被退位的马克西米安的儿子马克森提乌斯（Maxenc）密谋害死。马克西米安和马克森提乌斯父子二人自称奥古斯都，结果就是公元 307 年出现了一个恺撒（马克西米努斯·代亚）和四个奥古斯都（马克西米安和他的盟友君士坦丁，霸权受到威胁的伽列里乌斯，以及野心勃勃的马克西米安之子马克森提乌斯）。然而，不久之后，马克森提乌斯遭到父亲马克西米安和君士坦丁联盟的排挤。

"四帝共治"的终结

公元 308 年，在上潘诺尼亚（今维也纳和布拉迪斯拉发之间的地区）的首府卡农图姆召开的会议暂时稳定了权力秩序。伽列里乌斯在戴克里先的支持下说服马克西米安退位，并任命出身卑微的伊利里亚名将李锡尼（Licinius）为西部疆域的奥古斯都，这标志着合法的"四帝共治"制的回归。但是，新的政治组织形式却不堪一击，因为没有考虑到马克森提乌斯在意大利的权力已经是毋庸置疑了。伽列里乌斯把李锡尼直接任命为奥古斯都时，也没有遵守"四帝共治"的规则——只有恺撒才能晋升为奥古斯都。

马克西米安并未偃旗息鼓太久，很快他就第三次自称奥古斯都。正当前几十年的混乱局面即将再次出现时，三起死亡事件接连发生：公元 310 年，马克西米安在推翻君士坦丁的阴谋失败之后自杀身亡；公元 311 年，在拒绝残酷迫害基督教徒之后，伽列里乌斯去世，而死因有可能是癌症；戴克里先在其归隐的达尔马提亚宫殿中平静离世。

这些人去世之后，权力集中到了君士坦丁手中。在随后的几十年里，君士坦丁展现了优秀的治国才能。君士坦丁首先与李锡尼结盟，进一步孤立马克森提乌斯。在这种情况下，马克森提乌斯只能依靠远方的马克西米努斯·代亚，但后者在西部的军事冲突中没有太多影响力。君士坦丁先后在都灵和维罗纳取得胜利，并毫不犹豫地步步逼近罗马。公元 312 年 10 月 28 日，君士坦丁和马克森提乌斯的军事冲突发生在罗马城郊外，两支军队在萨克萨鲁布拉（Saxa Rubra，意为"红色岩石"）和米尔维安桥之间的地区一较高下。

马克森提乌斯打着异教徒的旗号为战争做准备，君士坦丁则以基督教十字符号作为统领部队的象征。在罗马帝国把基督教确立为国教之后，这个符号和装饰有月桂叶的基督字母组合图案一起出现在罗马帝国军旗上（拉布兰旗 [labarum]，由希腊语 $\chi\rho\iota\sigma\tau o s$[基督] 的前两个字母组成，即 χ 和 ρ）。传说，战役爆发之前，君士坦丁在天空中看到一个闪光的十字架，这个基督教符号的出现预示着他将受到保护，取得成功（"以此印记，尔等必胜" [in hoc signo vinces]）。

拉克坦提乌斯（Lactance）和凯撒利亚的尤西比乌等基督教学者对这些神圣符号坚信不疑，他们认为这些符号体现了上帝帮助子民和挑选合适的皇帝的意志。他们非常清楚这一事件的影响力，其能够把基督教和政府的至高权威联系起来以回击异教徒的指控，因为异教徒认为帝国陷入困境是基督教徒抛弃传统宗教的后果。不过，对"君士坦丁看到幻象"的记录有各种不同的版本。

马克森提乌斯被君士坦丁打得落花流水，最终在台伯河中坠马溺亡。无论是对罗马帝国和试图站稳脚跟的基督教，还是西方文明自身而言，米尔维安桥战役都是一次具有决定意义的事件。与同时代的人一样，君士坦丁相信自己在这次战役中得到了基督教神灵的帮助，不久之后他就皈依了基督教。

君士坦丁胜利挺进罗马，赢得了元老院贵族的支持。几个月后的公元 313 年，君士坦丁与李锡尼共同签署了《米兰敕令》（Édit de Milan），该敕令把伽列里乌斯

米尔维安桥战役：改变罗马帝国面貌的战役

君士坦丁和马克森提乌斯的两军对垒就发生在这座位于罗马北部、横跨台伯河两岸的桥上。马克森提乌斯首先切断了通往城市的道路，然后改变了策略，修建了一座浮桥让部队渡河上岸发动攻击，并对自己的重骑兵寄予厚望。

君士坦丁的部队将马克森提乌斯的军团打得落花流水。浮桥不堪士兵和战马的重量而沉没，成百上千的士兵无法摆脱沉重的铠甲而陷入台伯河的淤泥之中。君士坦丁下令打捞水中的死者，并在次日返回罗马城时将马克森提乌斯的人头插在一根长矛上带回。

插图 中图，彼得·康诺利（Peter Connolly）的战争复原图；右图（第65页），据说是君士坦丁下令在士兵盾牌上刻画的基督字母组合图案（希腊字母 χ 和 ρ 所形成的基督象征符号，它们是基督［Χριστοs］的前两个字母）。现藏于罗马梵蒂冈博物馆。

所宣告的宗教自由扩展到罗马帝国全境，并归还了被征收的基督教会的所有财产。

两位皇帝还达成了一致，君士坦丁统治西部，李锡尼统治东部。遭到排挤的马克西米努斯·代亚被李锡尼打败后，在塔苏斯城自杀身亡。"四帝共治"制在实质上已被废除，它留下的是两个庞大的政治集团——一个在西方，一个在东方，而这也预示着政治和文化分歧即将出现。

然而，分裂并未就此结束，李锡尼和君士坦丁这

① **突袭** 君士坦丁下令让骑兵发动突袭，马克森提乌斯的部队溃不成军，其部分士兵掉进了河里。

② **撤退** 马克森提乌斯的部队被君士坦丁的士兵追杀，纷纷涌上狭窄的浮桥，进退两难。

③ **骑兵** 重骑兵的灵感源自萨珊王朝的作战方式，但效果不佳。在河流最湍急的地方，浮桥被冲断。

④ **台伯河** 湍流卷走了战败者的尸体，其中包括骑马过河时溺亡的马克森提乌斯。

两个巨头之间也很自然地出现了冲突。《塞尔迪卡合约》（塞尔迪卡，今索菲亚）的签署结束了双方的敌对局面，李锡尼二世（Licinius Ⅱ）、克里斯普斯（Crispus）和君士坦丁二世晋升为恺撒，他们分别是李锡尼的儿子和君士坦丁一世的儿子。"四帝共治"制内部出现了王朝世袭原则，君士坦丁的霸权得以正式确立。

李锡尼撤回罗马帝国东部地区，他的和平统治一直持续到公元 324 年。同年，李锡尼在阿德里安堡和克利索波利斯战役中被君士坦丁击败。李锡尼在尼科米底亚投降，几个月之后在萨洛尼卡被处死。次年，李锡尼二世也遭遇同样的命运，他的死亡标志着"四帝共治"制的终结。"四帝共治"制这个昙花一现的体制，曾经为稳定罗马帝国做出了贡献，但也不可避免地造成了地方分权。

君士坦丁的霸权让罗马帝国看到了新黄金时代的曙光。战胜对手之后，君士坦丁成为唯一的皇帝，无须再划分东部和西部统治区域。此外，基督教成为罗马帝国的官方宗教。不过，为了保持帝国内部的长治久安，其他宗教也被允许存在。

君士坦丁——基督教皇帝

拜占庭是古希腊的殖民地，君士坦丁决定在此地建造一座新城市，并以自己的名字命名，使其成为"第二罗马"。这座城市有着得天独厚的战略位置，罗马帝国的交通中轴线从地中海变成了一条穿越中欧、博斯普鲁斯、小亚细亚和安条克并连接北海和埃及的主干道。

君士坦丁堡于公元330年建成，随后此处设立了第二个元老院和一个独立的行政机构。这座新城市拥有和罗马相同的供水体系，城市公民也享有和罗马公民相同的特权。不久之后，君士坦丁堡将扮演至关重要的角色，并在罗马帝国分裂成西罗马帝国和东罗马帝国之后成为东罗马帝国的都城。在君士坦提乌斯二世（Constance Ⅱ）统治期间，君士坦丁堡成为事实上的帝国首都，因为皇帝大部分时间居住在这里。

君士坦丁独自掌权十三年，推行了重要的行政改革，这些措施与几十年前戴克里先的举措一脉相承，并确定了罗马帝国晚期的政体结构。与以前的皇帝一样，君士坦丁也意识到了一些动摇罗马帝国根基的变化，并根据情况调整了改革措施以使其更加高效和长久。

君士坦丁结束了"四帝共治"最后几年的不稳定时期。这样，权力集中到了一个皇帝手中，并建立在"一神教"信仰之上，使传承了几个世纪的君主专制因此找到了合法化的新来源。在君士坦丁及其宫廷顾问——尼科米底亚的尤西比乌（Eusèbe de Nicomèdie）主教看来，基督教会的支持让罗马帝国更加不可动摇。

君士坦丁大帝的受洗和死亡

　　君士坦丁再次来到安纳托利亚的尼科米底亚之后就病倒了，主教尤西比乌为他进行了洗礼。这位主教有可能是皇帝遗嘱的执行人，尤西比乌在君士坦提乌斯二世统治期间成为君士坦丁堡主教。

　　在中世纪和文艺复兴时期的大量图像中，经常出现这样一个场景：教皇西尔维斯特一世（Sylvestre Ier）为从米尔维安桥战役凯旋回到罗马的皇帝君士坦丁施洗并使其成为第一位基督教皇帝，而君士坦丁则把罗马献给了教皇。这是一种纯属象征性的杜撰，甚至宗教杜撰还把尼科米底亚的洗礼仪式变成了尤西比乌主教为皇帝君士坦丁治疗麻风病的过程——主教使用圣水为皇帝沐浴，而通常异教徒使用鲜血来缓解病痛。在弥留之际，君士坦丁怀疑兄弟和侄子下毒害他，便下令处死了他们。君士坦丁的儿子君士坦提乌斯二世严格遵守父亲的遗嘱，尽力清除一切觊觎皇位之人。

　　插图　教皇西尔维斯特一世为君士坦丁施洗。这是斯塔维洛修道院三折画上的场景，约作于1156年。现藏于纽约摩根图书馆。

与此同时，皇帝的形象逐渐具有了庄严的仪式特征和丰富的象征意义（尤其是太阳的使用），这突出了皇帝权力的神圣来源，也为其赋予了神话色彩。至此，皇帝权力的王朝世袭原则变得根深蒂固，推选制一去不复返。中央集权让罗马宫廷和行政机构的地位再次上升，而皇帝采用的手段也呈现出罗马古典时代的典型特征。

君士坦丁完成了帝国疆土的大行政区规划。他在君士坦丁堡设立元老院，让元老院贵族阶层获得了新生。此外，他还创建了一个新的贵族制度，职业生涯里功劳显赫之人可以进入这一贵族阶层。这些改革的实施增加了税收压力，尤其是手工业和商业领域。其中，元老院阶层和教士阶层所受冲击最为严重。

在军事领域，为了击退突袭多瑙河流域的萨尔马提亚人和哥特人以及进攻莱茵河流域的法兰克人和阿勒曼尼人，君士坦丁创建了比边防军团更加高效的机动部队。

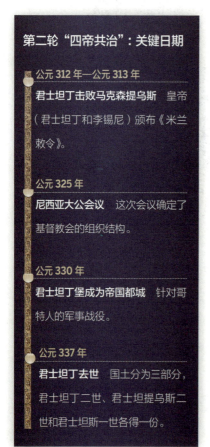

第二轮"四帝共治"：关键日期

公元 312 年—公元 313 年
君士坦丁击败马克森提乌斯　皇帝（君士坦丁和李锡尼）颁布《米兰敕令》。

公元 325 年
尼西亚大公会议　这次会议确定了基督教会的组织结构。

公元 330 年
君士坦丁堡成为帝国都城　针对哥特人的军事战役。

公元 337 年
君士坦丁去世　国土分为三部分，君士坦丁二世、君士坦提乌斯二世和君士坦斯一世各得一份。

罗马帝国境内外度过了相对稳定的十年，然而公元 333 年的一系列自然灾害（地震、瘟疫、饥荒）重创了帝国东部地区。

君士坦丁王朝

公元 335 年左右，君士坦丁解决了继承问题。同年，君士坦丁任命侄子弗拉维乌斯·德鲁马特乌斯（Flavius Dalmatius）为恺撒，如此一来罗马帝国就出现了四位恺撒（另外三位是君士坦丁的儿子君士坦丁二世、君士坦提乌斯二世和君士坦斯一世 [Constant]）。公元 337 年，君士坦丁去世之后，几位继承人之间的关系剑拔弩张。公元 340 年左右，君士坦丁二世兵败被杀，帝国局势相对稳定下来。君士坦斯一世成为帝国西部唯一的奥古斯都，而君士坦提乌斯二世则控制了帝国东部。

公元 4 世纪 30 年代是罗马帝国东部和西

部最早开始出现教义分裂的时期，这些纠纷导致东部和西部出现隔阂，最终导致了罗马帝国的分裂。君士坦斯一世和君士坦提乌斯二世这两位奥古斯都彼此竞争，从而让基督教得到了快速扩张。结果，宗教分歧越来越严重，一些数量不多但很有影响力的异端教派也随之出现，如西部的多纳图派和东部的阿里乌斯教派，后者在君士坦提乌斯二世的支持下影响不断扩大。

多纳图派是一种源自非洲的教派，它不同意在公元3世纪和"四帝共治"时期因为大规模迫害而放弃信仰的信徒重回基督教会，拒绝承认那些在被

君士坦齐亚陵墓

这座建筑今名为圣君士坦萨大教堂，修建于公元4世纪中叶，与城外圣阿格尼斯大教堂属于同一时期。它是君士坦丁大帝之女君士坦齐亚（Constantina）的陵墓，底部为圆形，是罗马最初的早期基督教建筑之一。君士坦丁接受基督教之后，罗马城中出现了大量宗教建筑，它们的灵感来自巴西利卡式建筑。

君士坦丁凯旋门：权力的象征

君士坦丁凯旋门位于古罗马斗兽场和帕拉蒂诺山之间，它从公元313年开始建造，目的是纪念君士坦丁在米尔维安桥战役中大败马克森提乌斯。公元315年，君士坦丁凯旋门正式建成，而它之所以在这么短的时间内建成是因为重新使用了其他古代建筑的装饰构件，尤其是那些耗时最长、最难制作的部分，如科林斯圆柱来自图密善（Domitien）时期，南面的浅浮雕来自公元176年建成的马可·奥勒留凯旋门，装饰圆柱柱头的达契亚奴隶雕像来自图拉真广场，甚至某些浅浮雕的护壁板和雕塑是哈德良别墅和哈德良陵墓（后被改建为圣天使堡）的装饰。对古代建筑艺术品的回收再利用是古代和中世纪的常见做法，罗马的第一座圣彼得大教堂和君士坦丁堡的索菲亚大教堂是最佳例证。不过，装饰拱架的浅浮雕中楣、圆柱基座和两侧的圆雕饰都是专门为凯旋门而制作的新雕刻品。

插图 君士坦丁头像。现藏于罗马卡比托利欧博物馆。

凯旋门浮雕的来源

图拉真时期（公元107年—公元112年）

南面和北面的八根圆柱构成了凯旋门三个拱孔的框架，圆柱的柱头上立有达契亚奴隶雕像。有些人认为，这些雕塑来自为了庆祝战胜达契亚人而建的图拉真广场。

哈德良时期（公元117年—公元138年）

两侧拱孔上方的圆雕饰源自哈德良时期，描绘了各种各样的狩猎野猪、狮子和熊的场景，以及向阿波罗（Apllon）、赫拉克勒斯（Hercule）和西尔瓦努斯（Sylvain）献祭的场景。

马可·奥勒留时期（公元161年—公元180年）

中央碑文两侧装饰镶板的八块浅浮雕来自马可·奥勒留时期。公元313年—公元315年，浮雕上的人物被重新雕刻，目的是让他们的面孔与君士坦丁、李锡尼和君士坦提乌斯相似。

❶ 战胜"蛮族" 这座浅浮雕描绘的是达契亚战争的场景：战争结束后，骑士杀死了幸存者。

❷ 狩猎和祭祀场景 在该场景中，皇帝正在猎熊（左），向狄安娜（Diane）献祭（右）。

❸ 面对皇帝的囚犯 一些敌囚被带到皇帝面前，在这两个场景中皇帝都在左边。

❹ 异教胜利女神或基督教天使 中央拱孔的肩部是有翅膀的胜利女神，让人联想到天使。

君士坦丁时期（公元313年—公元315年） 凯旋门建在一块大理石基座之上。这座建筑高21.1米、长25.7米、宽7.4米，中间的拱孔高11.5米、长6.5米，两侧的拱孔高7.4米、长3.4米。下部来自哈德良时期。

新建的浅浮雕是两侧拱孔和侧边上方7.4米长的柱顶中楣，它描绘的是君士坦丁与马克森提乌斯作战的场景。圆柱的底座和圆雕饰也来自君士坦丁时期。中央拱孔的肩部描绘

的是手持战利品的胜利女神，这些雕刻是格列高利一世（Gregoire Ier，公元590年—公元604年在位）改革后出现的教会图像中的天使的前身。两侧拱孔的肩部描绘的是拟人化的河流。

君士坦丁王朝

基督教会与君士坦丁：尼西亚大公会议

君士坦丁在重新统一罗马帝国之后发现，东部基督教会内部存在着各种教义分歧，尤其是阿里乌斯教派和麦利多教派的主张。

君士坦丁想利用自己的权威让基督教徒和平共处，于是决定聚集基督教世界的所有主教召开第一次大公会议。君士坦丁让帝国的行政人员为主教们提供各种服务，并亲自主持大会。公元 325 年 5 月 23 日，数百位主教齐聚一堂，大部分来自埃及、巴勒斯坦、叙利亚和小亚细亚，也有极少数来自帝国西部地区，他们几乎一致同意采用《尼西亚信经》（le credo dit de Nicée）和"圣父与圣子同质"的教义。此次大公会议宣布麦利多教派的教义无效，把复活节确定在春季，并通过了惩戒措施，旨在解决交易纠纷的大公会议的权威从此树立起来。

插图 尼西亚大公会议之预备会议，16 世纪壁画。现藏于罗马蒙特圣马丁教堂。

迫害时期未殉教的神职人员的权威。阿里乌斯教派的支持者则拒绝承认上帝与基督"同质"的教义。

公元 350 年，元老院贵族和部分军队发动叛乱，皇帝君士坦斯一世试图逃往西班牙，最终在赫勒拿（今比利牛斯山东部的埃尔纳）兵营被杀。篡权的马格嫩提乌斯（Magnence）自称皇帝，但他的统治只持续了三年。公元 353 年，君士坦提乌斯二世将马格嫩提乌斯击败，重新统一了罗马帝国，恢复了父亲君士坦丁大帝时期的绝对权威。

马格嫩提乌斯的篡位给频遭阿勒曼尼人侵扰的

高卢地区带来了悲剧性的后果。公元 355 年，负责守护莱茵河边境的克劳狄乌斯·西尔瓦努斯（Claudius Silvanus）发动叛乱，反对君士坦提乌斯二世，至此高卢的统治权落入克劳狄乌斯·西尔瓦努斯的手中。值得一提的是，克劳狄乌斯·西尔瓦努斯是法兰克人的后代。这次叛乱虽然只持续了几个月，但日耳曼自由民则趁机袭击了多处要塞和边境重镇，如阿根托拉图姆（Argentoratum，意为"银堡"，今斯特拉斯堡）、科隆尼亚（今科隆）和莫根提亚肯（今美因茨）等。

君士坦丁大帝之手

一尊坐姿雕塑局部，现藏于罗马卡比托利欧博物馆保守宫。

同年（公元 355 年），君士坦提乌斯二世任命堂弟尤利安为恺撒，并派他前往特里尔驻扎，以阻止日耳曼人的进攻。公元 337 年，君士坦提乌斯二世处死了尤利安的所有男性近亲（包括父亲和兄长）。尤利安的文学素养颇高，深受帕加马新柏拉图学派创始人卡帕多西亚的埃德修斯（Édésios de Cappadoce）的影响。这个学说颇为深奥的学派具有浓厚的宗教神秘色彩，可以说是异教知识分子精英团体的堡垒。尤利安在其影响之下背弃了基督教，但直到他公开反叛君士坦提乌斯二世时才公开了自己的宗教倾向。

尤利安不断取得军事胜利，逐渐赢得了君士坦提乌斯二世与合作者的信任。公元 356 年，尤利安与法兰克人签订了有效的临时合约，然后收复了科隆，并在斯特拉斯堡战役中击退了阿勒曼尼人。

公元 358 年，在停靠在不列颠的补给船的支持下，尤利安恢复了高卢境内几乎所有防御工事。尤利安率领军队从美因茨长驱直入，一直推进到日耳曼人的疆域，而且未遇到任何强有力的抵抗。公元 360 年左右，莱茵河前线在一定程度上恢复了平静。

在同一时期，君士坦提乌斯二世想要扩大阿里乌斯教派在西部地区的传播范围。君士坦提乌斯二世在阿尔勒（公元 353 年）和米兰（公元 355 年）召开主教会议，命人谴责著名的神学家、主教亚历山大的阿塔纳修（Athanase d'Alexandrie）及其弟子，但这两次会议未被视为大公会议，并遭到某些主教的排斥。最具影响力的基督教学者和支持阿塔纳修的主教被排斥在核心圈子之外，如主教科尔多瓦的奥色斯（Ossius de Cordoue）被流放到西班牙故土，主教普瓦提埃的希拉流（Hilaire de Poitiers）被流放到弗里吉亚。

君士坦提乌斯二世毫不留情地打压异教，以重刑威胁那些公开信仰异教神的信徒，下令关闭神庙，并迫害那些沉迷于魔法和巫术之人。这些行为背后亦有政治动机，针对的主要是信奉异教的罗马贵族，而这些人的职位逐渐被东部贵族所取代。

公元 4 世纪 50 年代末，君士坦提乌斯二世需要应对多瑙河边境的夸德人和潘诺尼亚的萨尔马提亚人的突袭。但最严重的动乱发生在与波斯帝国接壤的边境地

公元4世纪的罗马帝国政治结构

在君士坦丁统治时期，罗马帝国实施的是"君权神授"的君主专制。君士坦丁在新建成的君士坦丁堡设立了新元老院，罗马元老院只相当于一个市政议会。

宫廷成为政治生活的中心，辅佐君主的是大臣。各行省要服从行省总督的权威，这些总督生活在行省都城之中。这些行省分属于14个大行政区，管辖行政区的是代理官，如东方行政区长官。在君士坦丁王朝时期，四大区（高卢、意大利、伊利里亚和东方）的近卫军长官在各自区域扮演的是"总理"角色。罗马和君士坦丁堡是例外，它们各由一位长官负责管理。官僚机构也包括负责核实司法和行政文件的公证人，以及负责执行皇帝特殊任务的稽查使。

插图 名为"元老院的精神"（Génie du sénat）的青铜像，现藏于梅里达国立古罗马艺术博物馆。

区，波斯帝国企图夺取罗马帝国在美索不达米亚和亚美尼亚的控制权。当强大的萨珊王朝国王沙普尔二世（Shapur Ⅱ）对罗马帝国发动攻击时，尤利安在高卢被拥立为皇帝，自称奥古斯都，并朝多瑙河流域进军。公元 361 年，正当君士坦提乌斯二世准备率军进攻尤利安时，他却在奇里乞亚病逝了，没有留下继承人。

"背教者"尤利安

身为恺撒的尤利安依靠累累战功成就了自己的威名，他习惯于把自己在战场上的胜利归功于诸神的帮助，但这暴露了他越来越明显的异教倾向。尤利安的政治野心和宗教追求，导致他逐渐公开与君士坦提乌斯二世对立。

当君士坦提乌斯二世下令将三分之一的高卢部队送往东部边境与波斯帝国作战时，二者的关系彻底决裂：卢泰西亚的军队哗变，尤利安被士兵拥立为奥古斯都。君士坦提乌斯二世斥责这种篡位行径，尤利安则朝东部进军，战争一触即发。然而，行军路上的尤利安却突然收到了君士坦提乌斯二世的死讯，随后他得到了罗马元老院贵族和巴尔干行省精英贵族的支持。

为了让夺权行为更具合法性，尤利安声称君士坦提乌斯二世在弥留之际指定他为继承人，并将这则消息传播开来。如此一来，尤利安既向去世的君士坦提乌斯二世表达了尊敬，也得到了军队和东方行省的支持。

然而，这位新皇帝尤利安实施的政策却与前任皇帝大相径庭。在卡尔西顿审判期间，尤利安清除了政府机构中的君士坦提乌斯二世的旧臣，尤其是曾在君士坦丁堡支持君士坦丁的文官。尤利安拉拢新生的军事贵族，改变了罗马帝国的发展方向。

统治伊始，尤利安就公开了自己的异教信仰，并召集希腊化世界里最负盛名的异教知识分子，企图将基督教的神及其信徒边缘化。尤利安的宗教政策旨在恢复传统的希腊-罗马异教的辉煌，因为他年轻时接受的教育把希腊化文化和新柏拉图派思想与古代的异教信仰融合在了一起，这正是他的宗教政策的基础。

尤利安是一个笃信神秘主义、通神术和占卜术的迷信之人，他把古典文化的理性主义和当时占主流的非理性思潮结合在了一起。在古代思想家中，尤利安偏好毕

达哥拉斯（Pythagore）和柏拉图（Platon）；在同时代的学者中，尤利安青睐杨布里科斯（Jamblique）及其弟子。尤利安有着独特的宇宙观，太阳神、阿提斯（Attis）和密特拉（Mitra）的神秘教义以及赫卡忒（Hécate）崇拜的巫术等都是重要内容。尤利安那涉及神秘主义的宗教狂热无法得到所有传统宗教支持者的认同，尤其是不能得到元老院议员或城市精英阶层的认同。

尤利安根据自己的思想和实践宣布宗教信仰自由，废除了前任皇帝确立的法律；恢复了异教信仰，下令归还从神庙中征收的财产，重建东部地区被捣毁的宗教场所，重新任命异教神职人员并对其统一管理和确定神职等级，要求新异教教

"背教者"尤利安主持宗教会议

公元 337 年，尚且年幼的尤利安侥幸逃脱了君士坦提乌斯二世对其家族的屠杀。被任命为恺撒之后，尤利安起兵反对皇帝君士坦提乌斯二世以及君士坦丁的政治遗产，青睐异教，支持阿里乌斯教派首领安条克的埃提乌斯（Aèce d'Antioche），并试图采用各种手段来废除前任皇帝推行的有利于基督教的政策。

插图 爱德华·阿米蒂奇（Edward Armitage，1817—1896）所作的油画，现藏于利物浦沃克艺术画廊。

会首领兼任至高无上的大祭司。尤利安甚至想要重建耶路撒冷的旧神庙，该神庙的用途主要是祭祀而非宗教，最终他的计划未能实现。最后，尤利安废除了君士坦丁给予基督教神职人员的豁免权，取消了主教裁判权。

尤利安试图减轻城市的压力，但他的税收政策并未取得成功。尤利安引起了众多争议，尤其是在影响力非同一般的安条克城中。身为皇帝的尤利安甚至屈尊以讽刺的语调写了一篇名为《厌胡者》(Misopogon) 的文章，以回应那些安条克城里的诋毁者。这篇文章不符合常见的帝王风范，在当时也不为人所理解。

基督教军事精英和城市民众内部的反对之声越来越大，尤利安决定重新挑起与萨珊王朝的战火，一方面是为了转移国内的注意力，另一方面是为了恢复古希腊文化并效仿亚历山大大帝。公元 363 年 3 月，尤利安在底格里斯河畔的塞琉西亚附近取得了一场重大胜利，并步步逼近萨珊王朝都城泰西封，但最终未能将其攻下。不久，尤利安班师回朝，并在途中多次与敌军对垒，最后在一次战役中阵亡。关于尤利安的死亡，有各种版本的记录，而且引起了异教徒和基督教徒的众多争论。基督教徒（如纳西昂的格列高利 [Grégoire de Grégoire]）认为这是神的旨意，异教徒（如皇帝尤利安的朋友、雄辩家里巴尼乌斯 [Libanios]）认为皇帝尤利安的死是基督教徒的背叛所致。

尤利安死后，罗马帝国再次进入了一个日耳曼民族频频入侵、内部动荡不安的时期，而罗马帝国的分裂局面也呼之欲出。

尤利安的死，导致罗马军队从美索不达米亚地区撤军。失败的代价是惨重的：被军队拥立为皇帝的约维安（Jovian，又译约维安努斯）被迫与波斯人缔结合约，割让了亚美尼亚；萨珊王朝重新夺回了曾经被罗马皇帝戴克里先和塞普蒂米乌斯·塞维鲁占领的疆土。

约维安结束了尤利安的宗教政策，恢复了基督教会的所有权利，但仅仅几个月后，即公元 364 年 2 月，他便中毒而亡了。罗马军队在尼西亚做出妥协，拥护另一位潘诺尼亚军官瓦伦提尼安一世（Valentinien Iᵉʳ）为皇帝，同时逼迫他授予同为高级将领的弟弟瓦伦斯（Valens）"奥古斯都"头衔。至此，罗马帝国再次落入军队精英阶层之手。

瓦伦提尼安王朝

公元 364 年—公元 375 年，瓦伦提尼安一世统治罗马帝国西部地区；公元 364 年—公元 378 年，瓦伦斯统治罗马帝国东部地区。两位统治者都恢复了宗教信仰自由，废除了尤利安拨给异教庙宇的巨额财政资助。为了方便起见，他们决定把东部军队和西部军队区分开，虽然两支军队早已分属不同的统治者并在过去引起了诸多冲突，但这种分裂第一次得到了官方承认。

瓦伦提尼安一世的当务之急是应对来势汹汹的外部威胁，这也导致他无法把重心放在政府内部改革上。在军事领域，瓦伦提尼安一世倾向于把军力分配在莱茵河边境，军事行动和外交手段并用，以控制阿勒曼尼人的侵扰。

在罗马帝国西部地区，不列颠遭到苏格兰的皮克特人的威胁，爱尔兰面临斯科特人的入侵，北部沿海地区遭到撒克逊海盗的侵袭。来自西班牙的将军老狄奥多西（Théodose l'Ancien）解除了这些边境地区的威胁，同时也恢复了罗马帝国非洲行省的和平，并镇压了公元 373 年爆发的菲尔姆斯（Firmus）领导的叛乱。威望如日中天的老狄奥多西逐渐失去了皇帝瓦伦提尼安一世的信任，成了宫廷阴谋的受害者——公元 375 年或公元 376 年，老狄奥多西在迦太基被处死。

瓦伦提尼安一世不断巩固自己的权力，实施中央集权政策，增加国家实力来抵御外敌。为此，瓦伦提尼安一世重新改革了文官系统，行政机构的等级也更加严格、更加明确，并鼓励晋升最忠诚、最有能力的军人和行政官员。因此，行政机构也成为治国精英阶层重获新生的动力，他们其中大部分来自边境行省，并依靠自己的功劳得到晋升，而不是依靠权力世袭贵族身份。

瓦伦提尼安王朝

公元364年—公元375年

瓦伦提尼安一世（西部） 在莱茵河畔的几场战役之后，瓦伦提尼安一世死在了多瑙河畔。

公元364年—公元378年

瓦伦斯（东部） 面对摧毁阿德里安堡的哥特人时，瓦伦斯表现得非常软弱。

公元375年—公元378年

格拉提安 瓦伦提尼安一世的长子，他在高卢被马格努斯·马克西穆斯（Magnus Maximus）杀害。

公元375年—公元392年

瓦伦提尼安二世 他有可能是不堪某位将军的羞辱而自杀身亡的。

圣安波罗修

米兰的安波罗修于公元 340 年生于特里尔，父亲是高卢总督。公元 374 年，安波罗修当选为米兰教区的主教，当时他还只是一个年轻的教义问答者。安波罗修为尼西亚正教而战，是第一个捍卫教会对国家至高无上的权威。安波罗修是西方教会的四大创始人之一，他皈依基督教并给希波纳的奥古斯丁施洗。

插图 米兰圣安波罗修教堂金色穹顶上的圣安波罗修马赛克镶嵌画。

瓦伦提尼安一世的宗教政策比较温和。在帝国东部地区陷入无止境、无意义的教义纠纷时，西部地区的教会却能够大方地接受《尼西亚信经》的正统教义，这有利于宗教环境的相对稳定。在一些重要人物的影响之下，如教皇达玛苏（Damase）、主教米兰的安波罗修（Ambroise de Milan）和主教图尔的马丁（Martin de Tours）等，基督教在西部行省的普及逐渐加快。

公元 375 年，瓦伦提尼安一世在潘诺尼亚与夸德人的作战过程中阵亡，长子格拉提安（Gratien）

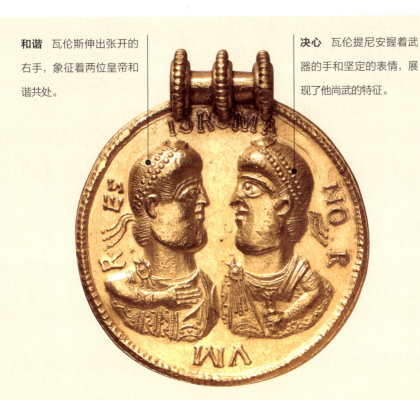

和谐 瓦伦斯伸出张开的右手，象征着两位皇帝和谐共处。

决心 瓦伦提尼安握着武器的手和坚定的表情，展现了他尚武的特征。

瓦伦提尼安一世和瓦伦斯：两位不可替代的奥古斯都

　　罗马帝国东部和西部的分裂逐渐成为事实。瓦伦提尼安把多瑙河南部到波斯边境的疆土让给了瓦伦斯，留给自己的是伊利里库姆（Illyricum，伊利里亚）西部、意大利、高卢、不列颠、西班牙和非洲西部。

　　在统治初期，这两位皇帝致力于反对尤利安复兴的异教，他们无情地镇压魔法、巫术，监禁和迫害了许多无辜之人。这波镇压浪潮，可以算是基督教世界第一次"猎杀女巫"运动。瓦伦提尼安残忍地处死了自己的一些仆人、官员甚至显贵，原因只是某些无关痛痒的错误、并非本意的迟到和遗忘，甚至他自己臆想的有损自己威严的事情。瓦伦提尼安常常在狂怒之时将人处死，并以此为乐。不过，为人残暴的瓦伦提尼安却推动了相对的宗教宽容和公共道德观念的发展。瓦伦斯和哥哥瓦伦提尼安一样也实施了君主专制，但他懂得减轻东部臣民的赋税，并以此赢得了民心。

　　插图 日耳曼人仿制的罗马金币，雕刻的是瓦伦提尼安一世和瓦伦斯，于公元365年—公元375年铸造。现藏于柏林硬币博物馆。

继位。格拉提安虽颇有修养，但没有出色的执政才能，只能充当弟弟瓦伦提尼安二世（Valentinien Ⅱ）的保护人。瓦伦提尼安二世在 4 岁时成为共治皇帝，但他的权力却始终受限，活在其他奥古斯都（西部先后是格拉提安和马克西穆斯，东部先后是瓦伦斯和狄奥多西）的阴影之下。

瓦伦提尼安一世推行的政策目光长远又充满智慧，因此在格拉提安执政期间莱茵河和多瑙河边境地区未遭到严重的外来威胁。公元 380 年左右，格拉提安允许哥特人在潘诺尼亚定居，并赐予他们"同盟者"的地位，后来狄奥多西在巴尔干半岛地区也采用了同样的模式。这些哥特人的定居，开启了多瑙河流域具有战略地位的行省的"日耳曼化"进程。

然而，不列颠的军队发生哗变，拥立西班牙将军马克西穆斯为皇帝，而且马克西穆斯在日耳曼尼亚部队的支持下入侵高卢。面对这种情况，格拉提安只能逃跑，但最终被马克西穆斯手下的将领抓获并杀害。公元 383 年，马克西穆斯成为帝国西部地区的皇帝；公元 388 年，马克西穆斯的统治被狄奥多西推翻，五年后被处死。

现在，我们把目光转向瓦伦斯统治时期的帝国东部。从统治一开始，瓦伦斯就遭遇了强烈的反抗。尤利安的旧部、奇里乞亚贵族普罗科皮乌斯（Procope）在已逝皇帝的追随者和盟友的支持下发动叛乱，篡夺皇权。反叛并未持续多久，普罗科皮乌斯就遭到部下背叛，于公元 366 年被瓦伦斯处决。

哥特人的威胁和狄奥多西

随后，瓦伦斯把注意力放在了巴尔干边境，因为大批西哥特人在多瑙河流域聚集，形势非常严峻。公元 369 年左右，瓦伦斯成功遏制了西哥特人带来的威胁，但没有完全削弱这个民族的战斗力。公元 370 年—公元 377 年，瓦伦斯被迫率军赶往东部边境，以抵挡波斯人在亚美尼亚的扩张。此外，瓦伦斯对那些被指控使用巫术的异端分子和异教学者实施了镇压政策，这导致他不得不面对亚历山大城和安条克城的骚乱。

阿德里安堡战役：失去皇帝的罗马

为了躲避匈奴人的威胁，哥特人向罗马帝国求援，瓦伦斯同意为弗里迪盖伦 (Fritigern) 带领的西哥特人打开国境线。哥特人要求在罗马帝国境内定居，作为交换为罗马帝国提供军事支持。瓦伦斯和他的宫廷天真地认为，这种做法是缓解多瑙河畔军事压力的最佳方法。

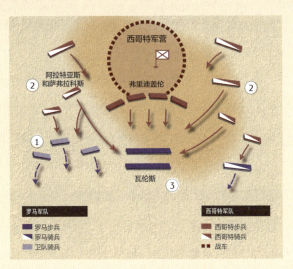

在皇帝瓦伦斯的军队帮助下，成千上万的西哥特人渡过多瑙河向南行进，色雷斯成了名副其实的难民营。军事长官马克西穆斯和卢皮西努斯趁机剥削、压榨难民为自己谋利，导致西哥特人掀起暴动。战争刚开始，西哥特人的国王和军事首领弗里迪盖伦率领的西哥特移民便击败了卢皮西努斯，随后色雷斯阿德里安堡的哥特移民与弗里迪盖伦会合。身在安条克的罗马皇帝瓦伦斯立刻调动军队前往君士坦丁堡粉碎叛乱，同时向西部皇帝格拉提安求援，但他并没有等到援军。公元378年8月9日，瓦伦斯率军离开阿德里安堡攻击15公里外的哥特人，士兵们筋疲力尽，纷纷中暑。弗里迪盖伦采用了拖延战术，派出数名使臣求和。①在罗马军队的左翼，卫队的两支骑兵部队（其中一支为弓箭手部队）擅自发起进攻，但他们被敌军击退，并在撤退时打乱了其他队伍。②哥特骑兵从高地发起猛攻，庞大的步兵部队从哥特军营中冲出为骑兵提供支援，同时战车排成弧形阵列保护步兵。罗马骑兵四散而逃，步兵被数量占压倒性优势的哥特骑兵彻底碾压。③瓦伦斯的部队被逼退到一个狭窄的地带，无法排开阵形，结果溃不成军。一组卫队士兵护送中箭的皇帝瓦伦斯逃离战场。

公元 375 年左右，来自中亚哈萨克草原的匈奴人渡过伏尔加河，将阿兰国夷为平地。从公元 4 世纪开始，统治多瑙河下游地区的日耳曼民族和早期斯拉夫民族的东哥特人也无力抵挡，并被迫向西哥特地区迁徙。随后，被匈奴人打败的西哥特人逃到色雷斯，瓦伦斯与其签订合约，允许他们在此定居。瓦伦斯认为，可以从这些外来者中招募士兵，以扩充帝国军队。

不久之后，西哥特人抱怨他们定居的地区资源不够充足，便在东哥特人、泰法勒人和阿兰人的支持下发动叛乱。公元 378 年夏，瓦伦斯被迫御驾亲征。但是，在阿德里安堡战役中，罗马军队被哥特骑兵彻底击垮，死伤超过三分之二，而瓦伦斯本人也战死。士气大振的哥特人将君士坦丁堡团团围困，他们无法越过城墙，便在更为脆弱的巴尔干半岛和多瑙河流域的行省大肆劫掠。

在如此错综复杂的情形之下，罗马帝国面临着灭顶之灾，西部皇帝格拉提安任命老狄奥多西的儿子狄奥多西为军队统帅。狄奥多西出身于西班牙名门望族，信奉纯洁的基督教义，同时赫赫战功为他带来了极高的声誉。

公元 379 年，狄奥多西被拥立为奥古斯都，决心稳定巴尔干地区在阿德里安堡大溃败后的动荡局面。但是，狄奥多西并不想正面迎战哥特人，而是在公元 382 年与其签订合约，允许他们在多瑙河和巴尔干半岛之间的荒芜地区定居，并给予他们"同盟者"的地位。

这样，一纸合约规定了双方的权利和义务。哥特人获得土地或许还有贡金作为交换，但他们要为罗马帝国提供士兵；居住在这片土地上的罗马帝国公民，依旧归罗马帝国管辖。双方的联盟导致罗马帝国境内出现了第一个相对独立的日耳曼国家，这是一个非常危险的先例，但也是当时应对复杂情形的一个解决方案。

边境的哥特人问题解决之后，狄奥多西开始实施一项雄心勃勃的宗教政策。狄奥多西是非常极端的基督教徒，是西部边境行省新贵族宗教狂热的代表，开启了一个真正的"基督教帝国"（Imperium Christianum）。狄奥多西拒绝承认大祭司这个职位，迫害君士坦丁堡的阿里乌斯教派，并驱逐了主教德默菲勒斯（Démophile）。公元 381 年，狄奥多西在君士坦丁堡召开大公会议，正式确定了

源自公元 325 年的尼西亚大公会议的教义正统性，明确了教会的组织形式（模仿了行省和行政区的世俗组织形式）。

　　安条克、亚历山大、卡帕多西亚、凯撒利亚、以弗所和赫拉克利亚获得了特权。虽然安条克、亚历山大和耶路撒冷是传统的大主教城市，但君士坦丁堡依然成为罗马帝国东部最重要的主教城市。同时，越来越多的修道运动和苦修与慈善活动都得到了官方支持。

狄奥多西方尖碑

　　这座浅浮雕呈现的是皇帝狄奥多西观看四马二轮战车竞赛的场面，并手拿为胜利者准备的桂冠。浮雕位于狄奥多西方尖碑的大理石底座上，方尖碑来自卡纳克神庙。君士坦提乌斯二世曾把一座方尖碑运到了罗马，以庆祝自己统治二十周年；狄奥多西也效仿他，在君士坦丁堡竞技场的中央竖起了一座方尖碑。

狄奥多西之死与罗马帝国彻底分裂

公元 395 年，狄奥多西在临死前把他独自统治的罗马帝国一分为二。长子弗拉维乌斯·阿尔卡狄乌斯（Flavius Arcadius）统治东罗马，以君士坦丁堡为国都。霍诺里乌斯（Honorius）统治西罗马，以罗马和拉文纳为国都。东罗马帝国和西罗马帝国的利益冲突逐渐增多，彼此越来越独立。

弗拉维乌斯·阿尔卡狄乌斯并非政治强人，他听任权臣弄政，权力被近卫军统领鲁菲努斯（Rufin）掌控。鲁菲努斯是高卢人，他渴望进一步控制阿尔卡狄乌斯，并为了达到目的还试图把自己的一个女儿嫁给皇帝。斯提利科（Stilicon）本是汪达尔人，他是西罗马帝国的军队将领，也是霍诺里乌斯的首席大臣，并迎娶了狄奥多西的侄女。斯提利科是霍诺里乌斯和弗拉维乌斯·阿尔卡狄乌斯的监管人，但他并不信任鲁菲努斯。鲁菲努斯因为自己的嫁女计划失败而十分沮丧，当他发现斯提利科并不打算放弃对东罗马帝国的监管时，便怂恿亚拉里克（Alaric）率领哥特人进攻西罗马（他们的进攻实际上从公元 395 年便已开始）。于是，日耳曼"蛮族"定期侵扰帝国领土，烧杀劫掠，无恶不作。此外，进入帝国军队和政府的日耳曼人也越来越多。西罗马帝国的财政捉襟见肘，领土开始分裂，如不列颠或西班牙等行省最终只在名义上属于西罗马帝国。

插图　霍诺里乌斯肖像铜币。

统一的最后尝试

狄奥多西在历史上占据重要地位，因为他是最后一位统治（公元 392 年—公元 395 年）统一罗马帝国的皇帝。在统治的最初五年里，狄奥多西分别与格拉提安、篡位者马克西穆斯和瓦伦提尼安二世分权而治。公元 383 年，格拉提安死后，马克西穆斯想要控制整个西部地区；瓦伦提尼安二世逃到了米兰，那里聚集了已逝的格拉提安的支持者。

三位皇帝（狄奥多西、马克西穆斯和瓦伦提尼安二世）都了解彼此的优势和劣势，他们各自偏安一隅，但

图例:

霍诺里乌斯统治的西罗马帝国

弗拉维乌斯·阿尔卡狄乌斯统治的东罗马帝国

不同行政区的海上边界线

达契亚 行政区

特里沃鲁姆
特里尔)

弗拉维乌斯·阿尔卡狄乌斯
和霍诺里乌斯的帝国分界线

意大利行政区

拉文纳

里海

黑海

达契亚行政区

色雷斯行政区

塞尔迪卡(今索菲亚)

西嘉

罗马

马其顿行政区

君士坦丁堡

尼科米底亚(今伊兹米特)

黑海行政区

罗马岛

雅典

亚细亚行政区

安提约基亚
(今安条克)

西西里岛

克里特

塞浦路斯

东方行政区

地中海

爱利亚·加比多连
(今耶路撒冷)

亚历山大里亚
(今亚历山大)

埃 及 行 政 区

又处于观望之中。狄奥多西所在的君士坦丁堡宫廷开放
而包容,他赢得了西部地区重要人物的信任,尤其是在
西班牙社会和罗马元老院贵族阶层。

狄奥多西想要赶走瓦伦提尼安二世和正面对抗
马克西穆斯,因为这两组势力至关重要。公元387
年,机会终于出现。瓦伦提尼安二世和母亲尤斯蒂娜
(Justine)遭到马克西穆斯围困,但尤斯蒂娜有勇有
谋,她和儿子一同逃往君士坦丁堡宫廷寻求庇护。于
是,狄奥多西巩固了与瓦伦提尼安王朝的联盟,与瓦
伦提尼安一世和尤斯蒂娜的女儿盖拉(Galla)成婚。

数次交战之后，狄奥多西大获全胜，马克西穆斯逃往阿奎莱亚，随后被处死。此时，罗马帝国完全在狄奥多西的掌控之中，瓦伦提尼安二世仅仅扮演着一个次要角色。瓦伦提尼安二世被狄奥多西派到高卢，生活在将军阿波加斯特（Argogast）的监控之下（公元 388 年—公元 392 年）。在瓦伦提尼安二世离奇死去之后，阿波加斯特宣布拥立一位普通的基督教徒、著名的修辞学教师尤金尼乌斯（Eugène）为西罗马皇帝。

公元 393 年，在盖拉的压力之下，狄奥多西决定重新收回西部地区。尤金尼乌斯在阿波加斯特和罗马贵族学者尼科马库斯·弗拉维安努斯（Nicomaque Flavien）的支持下采取了防守策略，阻断了阿尔卑斯山的通道，并许下蛊惑人心的承诺以求得到异教徒的支持，如归还被充公的财产，或者如果获胜将把教堂变成马厩等。

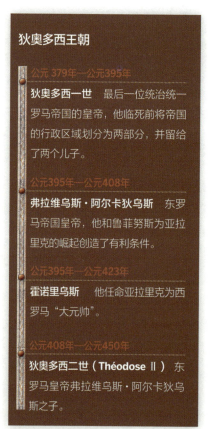

双方的军队在狭窄的冷河河谷相遇，一阵突然出现的狂风帮助狄奥多西大获全胜，而这一自然现象被归功于神的帮助。在一场夹杂着宗教问题的冲突中，这种解释再正常不过了。

狄奥多西到达罗马之后，下定决心要强制推广基督教，以解决宗教共存的难题。狄奥多西极力劝导异教议员改信基督教，而冷河战役和尼科马库斯·弗拉维安努斯的自杀都正如他所愿。虽然某些议员拒绝服从命令，但他们最终决定尊重狄奥多西的要求，不在公共场合表露自己的异教信仰。

不久之后，公元 395 年 1 月，狄奥多西在米兰去世。罗马帝国被狄奥多西的两个儿子弗拉维乌斯·阿尔卡狄乌斯和霍诺里乌斯平分，他们二人都被父亲任命为奥古斯都。

狄奥多西王朝

公元 379年—公元395年

狄奥多西一世　最后一位统治统一罗马帝国的皇帝，他临死前将帝国的行政区域划分为两部分，并留给了两个儿子。

公元395年—公元408年

弗拉维乌斯·阿尔卡狄乌斯　东罗马帝国皇帝，他和鲁菲努斯为亚拉里克的崛起创造了有利条件。

公元395年—公元423年

霍诺里乌斯　他任命亚拉里克为西罗马"大元帅"。

公元408年—公元450年

狄奥多西二世（Théodose II）　东罗马皇帝弗拉维乌斯·阿尔卡狄乌斯之子。

摄政者是出身部落民族的大将军斯提利科，他迎娶了狄奥多西的侄女，因此成为皇室家族成员。

从此，罗马帝国再未统一。不过，罗马帝国在地理上分裂成两部分并不单纯是政治改革和朝代风云变幻的结果。随着时代发展，文化、思想和语言方面的差异不断加剧，东部和西部的特征越来越不同。君士坦丁堡的名望便是这种日积月累的分歧的最佳证明，其在公元4世纪获得的政治、宗教和文化首都的新地位则加速了早已存在的分裂，而罗马城的衰落导致帝国分裂最终成为事实。

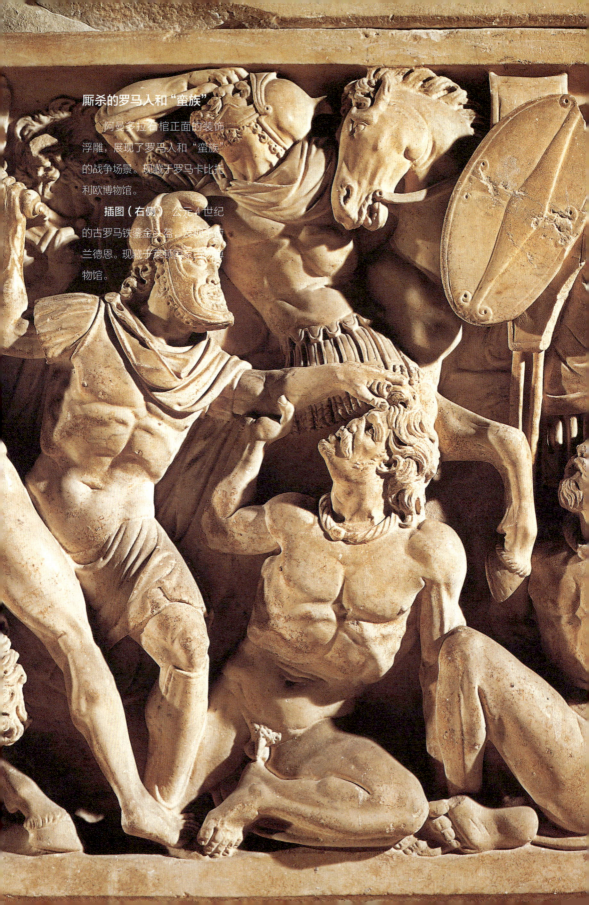

厮杀的罗马人和"蛮族"

阿曼多拉石棺正面的装饰浮雕，展现了罗马人和"蛮族"的战争场景。现藏于罗马卡比托利欧博物馆。

插图（右侧） 公元4世纪的古罗马铁鎏金头盔，发现于荷兰德恩。现藏于莱顿国家博物馆。

帝国的分裂

公元 5 世纪是罗马帝国分裂和西罗马帝国陨落的时期。几十年来，"蛮族"带来的压力和皇帝权威的逐渐没落，最终导致末代皇帝罗慕路斯·奥古斯都（Romulus Augustule）被东哥特人奥多亚克（Odocare）废黜。西罗马帝国随之覆灭，仅剩东罗马帝国。这或许是最令人震惊的历史事件之一。

公元 395 年 1 月 17 日，狄奥多西在米兰去世，他是最后一个统治统一罗马帝国的皇帝。共治皇帝瓦伦提尼安二世死后（公元 392 年），唯一的皇帝狄奥多西仅在位三年。出于谨慎考虑，狄奥多西把两个儿子阿尔卡狄乌斯（公元 383 年）和霍诺里乌斯（公元 393 年）都任命为奥古斯都，并在遗嘱中把罗马帝国一分为二：时年 18 岁的阿尔卡狄乌斯得到了东罗马，11 岁的霍诺里乌斯得到了西罗马。

西罗马帝国最后的皇帝

公元395年—公元423年

弗拉维乌斯·霍诺里乌斯　哥特人在阿基坦定居。亚拉里克一世（Alaric Ier）包围罗马。

公元425年—公元455年

瓦伦提尼安三世（Valentinien III）　汪达尔人以西班牙为跳板，占领了迦太基。

公元455年

佩特罗尼乌斯·马克西穆斯（Pétrone Maxime）　自立为皇帝，最终被汪达尔人杀死。

公元455年—公元456年

阿维图斯（Avitus）　被狄奥多西二世（Théodoric II）宣布为皇帝。

公元457年—公元461年

马约里安（Majorien）　西罗马帝国皇帝。

公元461年—公元465年

塞维鲁三世（Sévère III）　西罗马奥古斯都，但没有得到东罗马皇帝的承认。

公元467年—公元472年

安特米乌斯（Anthémius）　被东罗马皇帝利奥一世（Léon Ier）立为皇帝。

公元472年

奥利布里乌斯（Olybrius）　在意大利掌握兵权的里西默（Ricimer）扶持其为皇帝。

公元473年—公元474年

格利凯里乌斯（Glycérius）　贡都巴德（Gondebaud）拥立其为皇帝，后被朱利乌斯·尼波斯（Julius Nepos）废黜。

公元474年—公元475年

朱利乌斯·尼波斯　被利奥一世立为皇帝，后被弗拉维乌斯·欧瑞斯特（Flavius Oreste）废黜。

公元475年—公元476年

罗慕路斯·奥古斯都　没有得到东罗马皇帝的承认，后被奥多亚克废黜。

君士坦丁堡的狄奥多西城墙

公元5世纪初，君士坦丁堡的规模不断扩大，已经超出了马尔马拉海和金角湾之间的君士坦丁城墙范围。公元412年—公元413年间，近卫军统领安提莫斯（Anthémius）在君士坦丁城墙的西边修建了一道长6公里的新城墙，这道城墙有三排防御工事和一道18米宽的宽沟，而且瞭望塔高达23米。有了这道城墙，君士坦丁堡几乎固若金汤。

右图　狄奥多西城墙复原图。

东西罗马的边界线也被明确界定：西班牙、高卢、不列颠、阿非利加、意大利和潘诺尼亚构成西罗马；埃及、叙利亚、小亚细亚、马其顿、达契亚和色雷斯（巴尔干半岛南部和东部）构成了东罗马。但是，马其顿行政区和达契亚行政区是两个帝国的争议地区。西罗马帝国的都城为罗马，东罗马帝国的都城为君士坦丁堡。

君士坦丁堡之所以能够和罗马平起平坐，是因为这座城市中有包括元老院在内的所有罗马帝国的机构，而且君士坦丁堡的居

民和罗马公民享有同等特权。在君士坦丁堡
日新月异并走向辉煌之时，罗马已经不再是
皇帝的居住地，他们更倾向于拉文纳。拉文
纳的四周由大海、波河与沼泽地环绕，这样
的自然环境在如此动荡的时期能够为宫廷提
供有效保护。

　　地中海依旧是罗马帝国的核心。如今，
虽然地中海常常被视为发达国家和不发达国
家的分界线，但它在古罗马时期只是一个内
海，即"我们的海"（Mare Nostrum）。在
罗马帝国晚期，地中海是重要的政治、贸易

和文化的交汇之地，为思想和艺术的传播提供了便利。直到几个世纪之后，随着穆斯林的到来，地中海才失去了这种核心地位。

不可避免的分裂

公元 5 世纪，东部和西部的分裂逐渐变成不可挽回的事实。公元 395 年，狄奥多西死后，以罗马为中心的拉丁世界和以君士坦丁堡为核心的希腊世界走上了不同的发展道路。东、西罗马帝国的分裂并非随意的、任性的结果，它是时代发展的必然产物。

从戴克里先确立两个奥古斯都、两个恺撒的"四帝共治"制开始，罗马帝国的政治结构就逐渐朝着东西分裂的方向发展。同时，两个罗马帝国之间的文化、宗教、城市和贸易发展也大相径庭。然而，两个帝国的国家机器却几乎一样，理论上一个帝国采用的法律在另一个帝国同样适用。

此外，在西罗马帝国灭亡之后的很长一段时间里，统一罗马帝国的梦想都一直存在（如公元 6 世纪查士丁尼 [Justinien] 的宏伟计划），甚至中世纪的许多君主（从查理大帝 [Charlemagne] 到日耳曼神圣罗马帝国最后的皇帝）都以此为奋斗目标。罗马帝国一直牢牢印刻在东西方人的脑海中，而若干个世纪之后拿破仑（Napoléon）采用的帝国标志就是例证。

为了避免把复杂的情况简单化，我们来分析一下东、西罗马两个帝国之间的根本区别，以更好地理解它们各自的发展。首先，两个地区所讲的语言不同，西罗马讲拉丁语，东罗马讲希腊语，而每种语言都有着独特的文学传统，处理哲学、知识和思想问题的方式也截然不同。

两种语言无法融合，它们造成的割裂局面也越来越严重。在最初几个世纪里，希腊语是罗马基督教会的官方语言，但在西罗马帝国被民众所讲的拉丁语取代。因此，从公元 4 世纪末开始，所有宗教仪式都使用拉丁语。希腊语的使用越来越少，包括曾经受它影响最深的社会阶层如贵族或神职人员，只有在历史上被希腊人殖民过的意大利南部和西西里岛还存在着生命力旺盛的希腊语和希腊文化社群。

在东罗马帝国，拉丁语仅用于法典和司法文件的编纂，希腊语则作为传播希腊文化的工具，并在官方场合和宫廷中占据统治地位。东罗马皇帝甚至被称为 "basileus"（希腊语，意为 "国王"），不再是拉丁语的 "imperator"（皇帝）、"pontifex"（祭司）、"caesar"（恺撒）或 "augustus"（奥古斯都），而君士坦丁堡的历代王朝的地理起源（公元 5 世纪的狄奥多西王朝来自西班牙，公元 6 世纪的查士丁尼王朝来自达契亚，公元 7 世纪的希拉克略 [Héraclites] 王朝来自亚美尼亚，公元 8 世纪的伊苏里亚 [Isauriens] 王朝来自小亚细亚）加剧了这种趋势。

希腊文化的影响同样表现在文学翻译领域。在西罗马，许多希腊的文学作品被翻译成拉丁语，但很少有拉丁语作品被翻译成希腊语。拉丁语世界的思想务实、积极，以法律和技术的具体领域为核心，而希腊语世界更加重视理论思辨，教义和神学立场很容易就上升为国家事务。

在宗教领域，东罗马和西罗马的异端学说也有不同。东罗马的争论主要围绕 "三位一体" 和基督论，许多重要的异端学说在这里迅猛发展，如阿里乌斯教派、聂斯托利派（le nestorianisme，又译为景教）、耶稣单性说（le monophysisme，又称 "一性说"）和基督一志论（le monothélisme）等。但是，只有阿里乌斯教派被某些日耳曼民族接受，并在西罗马产生了影响。西罗马的主要异端学说是否认原罪的伯拉纠主义（le pélagianisme），它强调人的独立自主性，质疑神的恩典和自由意志的关系。

在希腊人之外的本地民族的影响下，君士坦丁堡的东方特征愈加明显。在西罗马，拉丁语在广阔的领土上（包括西班牙、高卢、不列颠、意大利、西非和伊利里亚地区）处于霸主地位，这在一定程度上有利于文化统一。相反，在东罗马，各种各样的语言和宗教传统共存，如叙利亚文化、科普特文化、阿拉伯文化或亚美尼亚文化。所有这些文化都受到了基督教的影响，但每种文化都发展出了独特的神学思想，有时甚至以异端学说的形式出现。

君士坦丁堡特别注意这些形式各异的宗教信仰，因为它们先后受到了波斯人和不断扩张的伊斯兰教的影响。聂斯托利派和耶稣单性说等异端学说和文化特征有着密切联系，与之相关的宗教问题也因此具有了政治色彩。在叙利亚和埃及，宗教问题助长了分裂主义势力，而公元 7 世纪东罗马彻底失去这些行省也与此有关。在这次分裂之后，斯拉夫人来到巴尔干地区定居并带来了新的文化，东、西罗马之间的差异进一步加大。东罗马帝国不再是单纯的希腊文化，它也同化了斯拉夫民族及其传统。

此外，在教会方面，罗马和君士坦丁堡这两座都城的区别也愈加明显。君士坦丁堡的名望和影响力与日俱增，毋庸置疑这是它在政治、文化和艺术领域充满活力的体现，相比之下，罗马似乎陷入了故步自封的境况。活跃的神学领域也扩大了君士坦丁堡的影响，这座城市成了重要的教义会议的举办地，如公元 381 年召开的君士坦丁堡大公会议。公元 451 年，卡尔西顿大公会议让君士坦丁堡主教辖区拥有了强大的司法管辖权，但罗马教廷并不承认。

公元 5 世纪末，君士坦丁堡主教（又译为牧首）阿卡西乌斯（Acace）挑起了罗马和君士坦丁堡之间的第一次长达三十多年的教会分裂（公元 484 年—公元 518 年）。此后，罗马教廷和东罗马主教辖区（或牧首辖区）之间的冲突便长期存在，这也是东、西罗马帝国渐行渐远的原因之一。亚历山大、安条克和耶路撒冷主教辖区要么崇信异端教派，要么落入伊斯兰教控制之下。

同样需要强调的是，东、西罗马帝国抵御外敌的能力不尽相同。东罗马政权长期保持稳定有序的状态，但西罗马却不断受到亚拉里克领导的西哥特人和盖萨里克（Genséric）领导的汪达尔人的攻击。在几百年间，君士坦丁堡成功抵御了萨珊王朝的国王和阿拉伯哈里发的进攻。

西哥特人的威胁

公元 5 世纪最初几十年的政治事件导致了罗马帝国分裂。在弥留之际，皇帝狄奥多西希望继位的两个儿子在执政时有经验丰富的大臣辅佐，规定阿基坦的鲁菲努斯在东罗马辅佐阿尔卡狄乌斯，出身汪达尔人的名将斯提利科在西罗马辅佐霍诺里乌斯。

狄奥多西认为东、西罗马两个帝国要和谐共处，首先需要领导者之间保持良好关系，但是鲁菲努斯和斯提利科很早就出现了分歧，和平共处的希望荡然无存。斯提利科要求把达契亚和马其顿行政区（今希腊、塞尔维亚、保加利亚、阿尔巴尼亚和马其顿）并入西罗马，这成为双方不和的源头。

然而，西罗马帝国不得不被迫应对其他严重威胁疆域统一的棘手情况。首先，吉尔多（Gildon）在非洲起兵造反，从海上切断了罗马城的小麦供给。公元398年夏，斯提利科派遣远征军将吉尔多击败并将其处死，叛乱最终被镇压。

西罗马面临的威胁一波未平一波又起。公元397年，在亚拉里克的率领下，西哥特人攻占了雅典和科林斯，占领了整个伯罗奔尼撒半岛。他们已与阿尔卡狄乌斯缔结了合约，无须担心被东罗马突袭，虽然他们的扩张意愿并不强烈，但依旧长驱直入地朝意大利进军。

公元401年年底，斯提利科身在莱茵河地区，抗击入侵的汪达尔人和阿兰人。亚拉里克趁机越过阿尔卑斯山将米兰团团围住，身在米兰的霍诺里乌斯被迫逃往帝国都城拉文纳。斯提利科迅速做出回应，率军前往威尼托，并在维罗纳击败了亚拉里克。亚拉里克无法得到他渴望的东罗马高级指挥权，便想要以军事力量逼迫西罗马帝国，以获得土地和贡金维持庞大的哥特军队。斯提利科被指责没有乘胜追击，未能一鼓作气地彻底消灭对西罗马帝国的三分之二领土造成威胁的亚拉里克。然而，我们需要明白的是，这位罗马将军更希望与哥特首领和解，因为他渴望得到哥特军队的支持，以推进自己的军事计划。

经过几年的表面风平浪静后，公元406年大

弗拉维乌斯·阿尔卡狄乌斯——东罗马皇帝

狄奥多西和安利亚·弗拉克西拉（Aelia Flacilla）的长子，他出生在父亲流亡西班牙期间，而不久之后狄奥多西成为皇帝。阿尔卡狄乌斯和妻子尤多克西娅（Eudoxia）生育了四个孩子，但他的权力却被近卫军统领掌控。这座大理石雕刻的头像庄严而呆板，这是拜占庭艺术的风格特点。现藏于伊斯坦布尔考古博物馆。

皇帝弗拉维乌斯·霍诺里乌斯与执政官普罗布斯（第98页）

这件公元406年的象牙双联雕刻板上展现的是狄奥多西大帝的次子、西罗马皇帝弗拉维乌斯·霍诺里乌斯。根据雕刻版上的铭文，执政官阿尼修斯·佩特罗尼乌斯·普罗布斯（Anicius Petronius Probus）被称为"君主的奴隶"（famulus，仆人）。现藏于奥斯塔教堂珍宝博物馆。

批苏维汇人、哈斯丁汪达尔人、西林汪达尔人和阿兰人等部落民族渡过了莱茵河边境。当时，文献记录了这一混乱的局面，字里行间透露着恐惧。不列颠军队发动叛变，拥立君士坦丁三世（Constantin Ⅲ）为皇帝并朝着欧洲大陆进发，不列颠岛失去防守，形势雪上加霜。有人认为，斯提利科应为局面失控、"蛮族"入侵负责，他遭到了对日耳曼民族充满敌意之人的背叛。公元 408 年，斯提利科和家人在拉文纳被杀。斯提利科的死没有带来任何改变，"蛮族"的威胁越来越严峻，而且逐渐逼近权力中心地带。

亚拉里克趁机在意大利大肆劫掠，罗马城也被多次包围，并在元老院成员的外交手段之下才得以解困。但在公元 410 年 8 月 24 日—26 日，罗马最终又轻易地落入了亚拉里克手中，罗马贵族的宫殿被抢劫一空。罗马帝国损失惨重，虽然哥特人的攻占和洗劫很短暂，但造成了巨大的影响。

不过，心理创伤和精神创伤的严重程度远远超过单纯的物质破坏。罗马的陷落成为基督教思想家和异教徒舆论的争论焦点之一，异教徒认为这是国家抛弃和禁止传统信仰的结果，而奥罗修斯（Orose，奥古斯丁的学生）或奥古斯丁（Augustin，即圣奥古斯丁）则低估了这起事件在物质、精神或宗教方面的影响程度。

西哥特人在这三天内掠夺的战利品不但让他们积累了惊人的财富，而且他们还带走了一些囚犯，其中包括加拉·普拉西提阿（Galla Placidia，狄奥多西一世的女儿，阿尔卡狄乌斯和霍诺里乌斯的妹妹）。亚拉里克并不打算在亚平宁半岛长期驻留，他的目光伸向了罗马帝国的非洲疆域——那里是罗马的"粮仓"。

然而，正当亚拉里克准备登船启程时，一场暴风雨将他的船只摧毁大半，而这使他不得不重新思考自己的计划，并决定原路返回。但是，当亚拉里克行至意大利科森扎时，一场突如其来的疾病让他命丧黄泉。亚拉里克的弟弟阿陶尔夫（Athaulf）继位，率领西哥特人前往高卢定居。

意大利终于脱离危险，迎来了一段稳定时期。但是，皇帝霍诺里乌斯在高卢的权威却荡然无存。自从日耳曼"蛮族"入侵开始，从莱茵河到比利牛斯山的所

亚拉里克一世与罗马陷落：
罗马帝国灭亡的先兆

亚拉里克一世的军队翻过阿尔卑斯山渡过波河，行进速度极快。亚拉里克一世的军队洗劫了阿奎莱亚、阿尔蒂诺、康考迪亚和克雷莫纳，随后 3 万名士兵劫掠了亚得里亚海沿岸地区。公元 410 年 8 月 24 日，亚拉里克一世的军队第一次包围了罗马城，封锁了十二道城门，阻断了罗马城内外的一切交通，同时切断了台伯河上的航行。

两年前，西哥特人曾经包围过罗马，但是他们得到元老院支付的贡金之后便撤退了。但是，弗拉维乌斯·霍诺乌里乌斯拒绝接受亚拉里克的其他要求。公元 410 年，亚拉里克率军来到城门前，表示想要两名罗马元老院的密使得以释放就必须支付巨额赎金：所有公共和私人的金银储备、公共设施和所有出身"蛮族"的奴隶。8 月 24 日，由于双方没有达成任何协议，西哥特人从萨拉利亚门进入罗马城中，大肆洗劫三天，并放火烧毁了某些城区。但是，在亚拉里克的命令之下，士兵们没有伤及城中百姓，同时也对女人以礼相待，并尊重神圣的宗教建筑以及基督教庙宇不可侵犯的避难权。亚拉里克离开罗马时带走了加拉·普拉西提阿，随他一同离开的 4 万名"蛮族"奴隶加入了他的军队。如此一来，亚拉里克的军队人数超过了 10 万人。罗马陷落对整个帝国造成了巨大的心理冲击，这是一次前所未有的羞辱。自从公元前 387 年高卢人布勒诺斯（Brennos）进攻罗马以来，这座城市在八个世纪里从未被攻克。

插图 《帝国事业：毁灭》（*Le Cycle de l'Empire : Destruction*），油画，托马斯·科尔（Thomas Cole）于 1836 年所作。现藏于纽约历史学会。

有疆域都惨遭洗劫。公元 409 年秋，比利牛斯山边境的防守崩溃，"蛮族"部队入侵西班牙。公元 411 年，"蛮族"以抽签的方式瓜分了伊比利亚半岛：苏维汇人和哈斯丁汪达尔人占据西北部的加莱西亚，阿兰人占据卢西塔尼亚和西迦太基，西林汪达尔人占据贝提卡。不过，塔拉戈纳、东迦太基等其余半岛的领土未被侵占。

在公元 5 世纪 20 年代，篡权者、独裁者和叛军

　　将领遍布高卢、非洲和西班牙，霍诺里乌斯不得不应
对六个"伪皇帝"。在忠心耿耿的意大利和伊利里亚
的将军辅佐下，霍诺里乌斯最终得以镇压叛军，重新
成为独一无二的皇帝。来自伊利里亚的君士坦提乌斯
（君士坦提乌斯三世）便是其中一员大将，名声显赫
的他在很短的时间内就帮助恢复了皇帝霍诺里乌斯的
权威，彻底镇压了篡位者及其同党的阴谋，并步步逼
近西哥特人。

西哥特人在朗格多克地中海沿岸和大西洋沿岸之间的高卢南部地区安顿下来，阿陶尔夫选择了波尔多为都城。公元 415 年左右，在大将军君士坦提乌斯（君士坦提乌斯三世）的猛攻之下，阿陶尔夫决定翻越比利牛斯山占领在公元 411 年之后处于无主状态的塔拉戈纳。公元 415 年秋，阿陶尔夫在巴塞罗那遇刺身亡。

在西格里克（Sigéric）短暂掌权之后，瓦利亚（Wallia）成为西哥特人的国王，其为人谨慎并为西哥特民族的命运奠定了基础。瓦利亚同样试图登陆非洲，但直布罗陀海峡一场突如其来的海难终结了他的野心。

不过，这次失败为罗马人和西哥特人提供了一次合作机遇。他们这么做的动机有很多：一方面，西哥特人急缺土地和粮食；另一方面，为了重新确立皇帝权威，罗马人需要盟友来应对伊比利亚半岛上的其他"蛮族"。

根据协议，西哥特人负责进攻苏维汇人和汪达尔人，并释放加拉·普拉西提阿。同年，加拉·普拉西提阿嫁给了君士坦提乌斯三世。作为交换，西哥特人将获得同盟者的地位和 60 万斗小麦。公元 418 年，双方签订新条约，西哥特人获得高卢南部面积广大的阿基坦行省，纳尔榜地区的图卢兹取代波尔多成为都城。同年，瓦利亚去世，狄奥多里克一世（Théodoric Ier）成为图卢兹西哥特王国的新国王，随后这个王国又继续存在了九十年。

瓦伦提尼安三世的统治

公元 421 年，成为共治皇帝不久的君士坦提乌斯三世去世，其遗孀加拉·普拉西提阿失去了庇护，带着孩子逃到了君士坦丁堡。公元 423 年，另一位皇帝霍诺里乌斯去世，西罗马帝国陷入了动荡局面，直到公元 425 年瓦伦提尼安三世登基。瓦伦提尼安三世是君士坦提乌斯三世和加拉·普拉西提阿的儿子，他的统治持续了很久。瓦伦提尼安三世是狄奥多西王朝的最后一位皇帝，继位之初因为年幼而由母亲加拉·普拉西提阿摄政。

对西罗马帝国而言，瓦伦提尼安三世统治的二十五年是一个具有决定意义的关键时期。在公元 5 世纪西罗马帝国最初动荡不安的几十年里，西哥特人入侵了意大利，其他"蛮族"征服了高卢。在这段时期过后，皇帝的权威似乎得以恢复，"蛮族"入侵得到了控制并被赶出了意大利；非洲的局势也得到了有效控制。

以同盟者身份定居在高卢的西哥特人承认罗马皇帝的权威，他们占据的地区远离帝国中心地带。但是，西班牙的局势令人担忧：苏维汇人偏居西北一隅，哈斯丁汪达尔人占据了贝提卡和迦太基。在公元5世纪20年代，西罗马虽然试图将其赶出这些地区，但这些勇猛的"蛮族"造成的威胁越来越大。

霍诺里乌斯临终时没有指定继承人，而刚刚4岁的瓦伦提尼安（瓦伦提尼安三世）与母亲加拉·普拉西提阿逃亡到了君士坦丁堡。阿尔卡狄乌斯死后，他的儿子狄奥多西二世成为东罗马皇帝。最初，狄奥多西二世和姐姐普尔喀丽娅（Pulchérie）决定利用年幼的瓦伦提尼安，以统一罗马帝国。

但是，随着西罗马帝国的篡位者不断出现，狄奥多西二世意识到他的统一大梦不可能实现，便选择支持瓦伦提尼安。如此一来，狄奥多西二世既保证了狄奥多西王朝的连续性，又让西罗马帝国依附于自己，而且西罗马帝国在被迫割让了西伊利里亚地区大部分具有战略地位的行省后势力已经大减。

公元424年年初，瓦伦提尼安被任命为恺撒，一年后在罗马被拥立为奥古斯都。皇太后加拉·普拉西提阿执掌朝政，直到瓦伦提尼安成年。瓦伦提尼安的政治才能非常平庸，必须有政治强人辅佐他统治帝国。

瓦伦提尼安试探了两个人：一个是非洲军事总督昆特·博尼费斯（Comte Boniface）；另一个是大将军埃提乌斯（Aetius），他虽归附瓦伦提尼安，但内心有所迟疑。这两人之间的竞争关系演变成了公开的冲突，直到公元432年博尼费斯在对抗埃提乌斯的内战中受伤去世。埃提乌斯得到了"贵族"（patrice）头衔（君士坦丁确立的头衔，授予宫廷重要成员），并在随后将近二十年间（公元432年—公元454年）执掌西罗马帝国政权。

埃提乌斯出身默西亚行省的名门望族。在青年时期，埃提乌斯曾是匈奴人的人质，后来他与匈奴人一直保持着良好关系，因此有匈奴士兵为他效力。埃提乌斯同

拉文纳的加拉·普拉西提阿陵墓

加拉·普拉西提阿（公元390年—公元450年）是皇帝弗拉维乌斯·霍诺里乌斯的妹妹，她嫁给了大将军君士坦提乌斯，后来这位将军成为国王，即君士坦提乌斯三世（Constance Ⅲ）。公元421年君士坦提乌斯三世死后，幼子瓦伦提尼安三世（Valentinien Ⅲ）继位，其母加拉·普拉西提阿掌握了西罗马实权，并命人建造了一座陵墓来埋葬亲人。公元450年，加拉·普拉西提阿在罗马去世，但她的遗体是否被安葬在中央石棺中依旧存疑。

在加拉·普拉西提阿陵墓中，右边陵墓属于瓦伦提尼安三世或弗拉维乌斯·霍诺里乌斯，左边陵墓属于君士坦提乌斯三世。这座砖瓦建筑的陵墓外观非常朴素，内部装饰有公元5世纪中叶的马赛克镶嵌画。这些马赛克的色彩种类多样，美轮美奂，既有几何形花纹，也有动植物花纹，还有基督教主题场景，如耶稣基督和被烤死的殉教者圣劳伦斯（Saint Laurent）。陵墓半圆形后殿的顶部布满繁星，四角还有天使。加拉·普拉西提阿陵墓无疑是朝着拜占庭艺术过渡的早期基督教艺术的完美体现之一。

外观 陵墓是圣十字大教堂的一部分，但这座教堂已经消失不见。

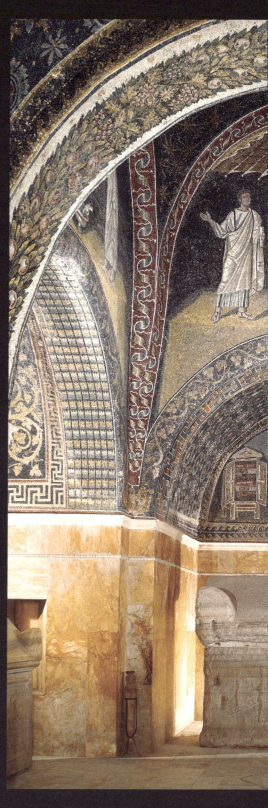

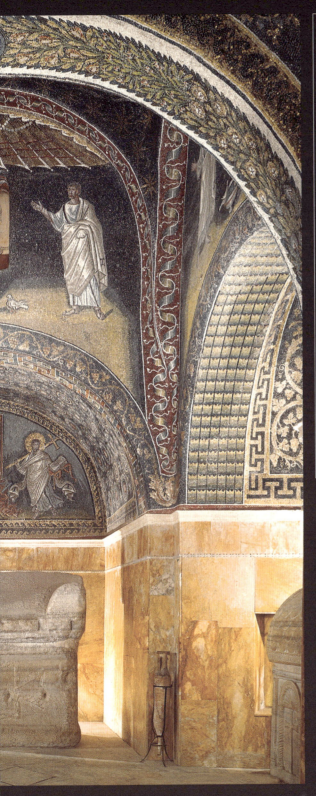

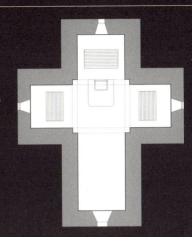

耳堂的交叉甬道

如今，加拉·普拉西提阿陵墓在圣维塔教堂院内，这座小型建筑呈拉丁十字形，中厅长12.75米，横厅长10.25米。四个筒形拱顶的交汇处是一个有垂饰的半球形穹顶，上面装饰有800多颗点缀在蓝色天空的金色星星。这些星星的中间是一个金色十字架，穹顶周围的使徒和垂饰上的福音传教士都朝向这个十字架。这座建筑外表简单朴素，与丰富的内饰反差很大；建筑外部是用灰浆黏合的砖瓦和石块。

加拉·普拉西提阿

狄奥多西一世（狄奥多西大帝）的女儿，先后嫁给亚拉里克的继任者阿陶尔夫和西罗马皇帝君士坦提乌斯三世。

插图　公元5世纪加拉·普拉西提阿肖像金币。

公元 3 世纪—公元 5 世纪的"蛮族"迁徙

公元 106 年，图拉真征服达契亚之后的新增疆土被哥特人占领。公元 3 世纪中叶，这些边境地区冲突不断，哥特人时常渡过多瑙河洗劫默西亚和色雷斯。哥特人的国王尼瓦在阿伯里图斯战役中杀死了罗马皇帝德基乌斯及其长子赫伦尼乌斯（Herennius），但尼瓦死后哥特王国四分五裂。公元 375 年，匈奴人入侵，哥特人被迫向罗马帝国边境迁徙。君士坦丁堡方面对此作出回应，结果却是阿德里安堡战役惨败和皇帝瓦伦斯阵亡。

为了躲避来自亚洲的匈奴人，达契亚的西哥特人和第聂伯河东部的东哥特人成群结队渡过多瑙河。日耳曼尼亚的苏维汇人也被匈奴人驱赶到上莱茵地区，他们和讲波斯语的阿兰人、源自日耳曼尼亚的汪达尔人会合在一起，试图渡过莱茵河前往高卢。公元 406 年年底，苏维汇人、阿兰人和汪达尔人共计约 25 万人渡过莱茵河，击溃了边境的罗马驻军，入侵高卢并朝着西班牙进发。苏维汇人占据了伊比利亚半岛的西北部，阿兰人占据了半岛西南部，汪达尔人则占据了非洲。公元 434 年，在鲁吉拉（Rugila）的带领下，大批匈奴骑兵渡过多瑙河，而狄奥多西二世为了避免战争被迫每年缴纳贡金 700 镑黄金。鲁吉拉死后，他的侄子阿提拉（Attila）和布莱达（Bleda）继位，并远征波斯和亚美尼亚，然后在公元 441 年—公元 452 年间进攻罗马帝国。

插图（第 107 页） 象牙雕刻版上的斯提利科（公元 4 世纪）。他是出身汪达尔人的罗马将军，曾在马其顿击败西哥特人。现藏于蒙扎大教堂珍宝博物馆。

样赢得了元老院贵族的信任，甚至元老院还为他在中庭竖起了一座雕像。

埃提乌斯摄政期间，最为烦恼的是汪达尔人入侵非洲。公元 429 年 5 月，在盖萨里克的指挥下，哈斯丁汪达尔人登陆北非并建立了独立王国，让罗马失去了重要的传统补给来源。同时，迦太基再次成为罗马帝国的主

西哥特人和东哥特人 这两支哥特部落有着同样的语言和文化，他们在与罗马帝国融合的过程中发展出了农耕经济，因此四处征战以夺取可以定居的肥沃土地，并在西罗马帝国境内建立了日耳曼王国。

汪达尔人、阿兰人和苏维汇人 西林汪达尔人在皇帝的命令之下没有入侵非洲而是在贝提卡定居，哈斯丁汪达尔人选择了今卢戈地区。阿兰人和苏维汇人，分别占领了今卡斯蒂利亚和加莱西亚。

匈奴人 在最著名的首领阿提拉的统治下，匈奴人的发展达到鼎盛，并在潘诺尼亚定居。但随后他们被赶出西罗马，原因有四：一是他们在高卢和意大利的数次战役中遭遇惨败；二是奥古斯都马尔西安（Marcien）率军攻打他们的疆土；三是肆虐的传染病；四是阿提拉的死亡。

莱茵河的日耳曼部落 公元254年，勃艮第人、法兰克人和阿勒曼尼人首次入侵高卢。勃艮第人和法兰克人最终在这片土地定居，而阿勒曼尼人逐渐向西迁徙并占据了今奥地利的福拉尔贝格、瑞士、巴登-符腾堡和阿尔萨斯。

要威胁。在布匿战争之后的几百年间，地中海一直是一个平静的文化和贸易交流的空间，但汪达尔王国建立之后地中海的平静被打破了，而此后汪达尔人的海盗活动让这片海域危险丛生。

从非洲沦陷开始，西班牙的局势也急转直下。雷奇拉（Rechila）领导的苏维汇人不再满足于偏安半岛西

匈奴王阿提拉：闪电战进攻罗马

　　来自草原的游牧骑兵纵马狂奔，弓箭四射，整个欧洲处于一片恐慌之中。他们那无法预知的作战策略和肆无忌惮的烧杀劫掠，迫使许多生活在罗马帝国边境的民众四处逃亡。

　　匈奴人擅长在投石器的保护下骑马冲锋陷阵，他们常常从山坡上一路猛攻，长矛、直剑和弓箭都是他们的利器，而且他们力大如牛，能够直接砍断罗马士兵的脖颈。罗马军队从未见过这样的作战模式，很容易就成了匈奴人的刀下亡魂。阿提拉是匈奴人最后一位或许也是最著名的一位首领，他建立了一个从中欧到中亚、从多瑙河到波罗的海的匈奴帝国。公元441年—公元447年间，阿提拉率军入侵东罗马帝国，被狄奥多西二世击退且后者同意支付贡金，但继任的皇帝马尔西安却拒绝支付。公元451年，阿提拉率领一支由格庇德人、东哥特人、苏维汇人、阿勒曼尼人、埃卢尔人、法兰克人、勃艮第人和萨尔马特人组成的大军入侵高卢，但埃提乌斯在哥特盟军的帮助下在特鲁瓦和香槟沙隆之间的卡塔隆平原成功击败了阿提拉。公元452年，阿提拉进攻意大利，攻占了阿奎莱亚、帕多瓦、维罗纳和米兰，但随后再次被埃提乌斯在波河北岸拦截。传染病和多场战役让阿提拉军队的实力大减，他被迫与西罗马皇帝签订合约并离开意大利。公元453年初，阿提拉去世。

　　插图　《匈奴王阿提拉与"蛮族"部队进军巴黎》（ *Attila, roi des Huns, et son armée de barbares en marche vers Paris* ），油画，儒勒-埃内·德劳内 (Jules-Élie Delaunay, 1828—1891) 所作。现藏于巴黎先贤祠。

北一隅，他们不断扩大地盘，导致西罗马帝国控制的疆土仅剩塔拉戈纳和迦太基的一部分。埃提乌斯把重心放在了高卢，试图维护罗马帝国对勃艮第人和西哥特人的权威。

　　公元435年左右，埃提乌斯围困了占据日耳曼尼亚的勃艮第人。在匈奴雇佣军的帮助下，埃提乌斯把勃

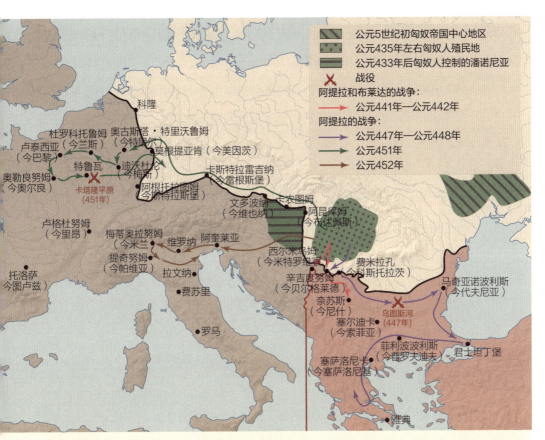

图例：

- 公元5世纪初匈奴帝国中心地区
- 公元435年左右匈奴人殖民地
- 公元433年后匈奴人控制的潘诺尼亚
- ✗ 战役

阿提拉和布莱达的战争：
- → 公元441年—公元442年

阿提拉的战争：
- → 公元447年—公元448年
- → 公元451年
- → 公元452年

地图标注：

科隆

杜罗科托鲁姆（今兰斯）　奥古斯塔·特里沃鲁姆（今特里尔）

卢泰西亚（今巴黎）　特鲁瓦　迪沃杜伦（今梅斯）　莫根提亚肯（今美因茨）

奥勒良努姆（今奥尔良）　阿根托拉图姆（今斯特拉斯堡）　卡斯特拉雷吉纳（今雷根斯堡）

卡塔隆平原（451年）

卢格杜努姆（今里昂）　梅蒂奥拉努姆（今米兰）　维罗纳　阿奎莱亚　文多波纳（今维也纳）　阿昆库姆（今布达佩斯）

提奇努姆（今帕维亚）　拉文纳　西尔米乌姆（今米特罗维察）

托洛萨（今图卢兹）　费苏里　辛吉度努姆（今贝尔格莱德）　费米拉孔（今科斯托拉茨）　马奇亚诺波利斯（今代夫尼亚）

罗马　奈苏斯（今尼什）　乌图斯河（447年）　君士坦丁堡

塞尔迪卡（今索菲亚）　菲利波波利斯（今普罗夫迪夫）

塞萨洛尼卡（今塞萨洛尼基）　雅典

沦为废墟的梅斯　公元451年春，阿提拉率领以日耳曼人和匈奴人为主的大军占领梅斯，随后将其洗劫一空并付之一炬。我们需要了解的是，阿提拉从未真正占领过城市。

挺进巴黎　占领巴黎之后，阿提拉继续向奥尔良进发，试图渡过卢瓦尔河，但他遭遇了主教阿尼亚努斯（Anianus）和大将军埃提乌斯率领的军队的抵抗。

卢瓦尔河　阿提拉想要渡过卢瓦尔河，但必须战胜狄奥多里克一世的西哥特大军和埃提乌斯的罗马军团，后者招募了许多定居在高卢的同盟者。

卡塔隆平原　两周之后，阿提拉的军队在卡塔隆平原战败。

艮第人打得落花流水，让他们经历了一场最为羞辱的惨败，并处死了勃艮第国王贡迪奥克（Gondicaire）。几百年后，中世纪中期的《尼伯龙根之歌》（Chanson des Nibelungen）记录了这起悲剧事件，北欧神话中也有这起事件的影子，以及13世纪的冰岛文学作品中也有所描写，如散文体的《埃达》（Edda）和《沃尔松传奇》

（*Saga des Volsungs*）。勃艮第人被迁移到南部地区，并获得了帝国同盟者的地位。不久之后，勃艮第国王把里昂选为都城。

然而，更难阻止的是图卢兹的西哥特王国向地中海沿岸和罗纳河谷的扩张，这些地区更靠近帝国核心地带。西哥特国王狄奥多里克一世实施了一项以进攻为主的军事政策，同时在外交方面也采用了灵活的政治联姻手段：他把一个女儿嫁给了苏维汇国王雷奇拉，把另一个女儿嫁给了汪达尔国王胡内里克（Hunéric），即盖萨里克的儿子和继承人。

埃提乌斯担心汪达尔人和西哥特人签订条约，便说服瓦伦提尼安三世：只要汪达尔国王胡内里克与西哥特公主离婚，就能够迎娶罗马公主尤多克西娅（Eudoxie）。埃提乌斯的计谋成功了。西哥特公主被毁容后惨遭遗弃，并被送回图卢兹宫廷，这为汪达尔人和西哥特人之间埋下了不可消弭的仇恨种子。不管怎样，图卢兹西哥特王国对高卢依旧有很强的影响力，这对西罗马帝国极为不利。

阿提拉的战役

匈奴人的突然入侵让形势进一步恶化了。从公元5世纪开始，中欧平原上出现了一个面积庞大的匈奴帝国，疆土西起阿尔卑斯山，北至塔特拉山，南接多瑙河，东边的边境却并不明确。匈奴人并不是一个统一的民族，而是由土耳其部落、东方部落和日耳曼部落（东哥特人、格庇德人、斯基尔人、鲁热人）组成的混合体，并在很长一段时间里与罗马帝国保持着和平关系，甚至为其提供军事援助。

公元5世纪40年代左右，匈奴君主阿提拉成为家喻户晓的人物和野心勃勃的军事、政治天才。阿提拉暗杀了哥哥布莱达，从君士坦丁堡获得了一笔丰厚的贡金，还对巴尔干地区的行省交替使用外交手段和可怕的军事入侵来向皇帝施加压力，以获得数额惊人的黄金来维持庞大的匈奴帝国的内部和谐。

公元450年，狄奥多西二世去世后，新继位的东罗马皇帝马尔西安和皇后普尔喀丽娅拒绝继续支付贡金。于是，阿提拉便向西罗马发动了一系列毁灭性的战役。一年之后，在卡塔隆平原战役中，西哥特人与罗马人令人意外地组成了联盟并将阿提拉击败，西哥特国王狄奥多里克一世在战斗中阵亡。

即便在卡塔隆平原战役中遭遇惨败，阿提拉仍然在公元452年重新开始四处征战，并轻而易举地入侵了意大利北部。虽然此时似乎一切都无法阻止阿提拉朝罗马进军的步伐，但在瓦伦提尼安三世的请求下，教皇利奥一世（Léon Ier，又称大利奥）在明桥河畔会见了阿提拉，并在这个紧要关头劝其撤兵。不久之后，阿提拉与日耳曼公主伊尔迪科（Ildico）成婚（《尼伯龙根之歌》中也曾提到过这位公主），但他在新婚之夜因为鼻腔破裂导致血液倒流，最后窒息而亡。阿提拉死后不久，他的儿子们彼此争夺王位，而格庇德人、东哥特人等纷纷要求独立以摆脱匈奴政权，很快庞大的匈奴帝国便分崩离析了。

阿提拉死后，西罗马帝国也很快开始四分五裂，所有这些事件都进一步动摇了西罗马帝国的根基。当阿提拉在意大利横行掠夺之时，西哥特国王多里斯蒙德（Thorismond）试图征服阿尔勒这座地中海战略要地。西罗马宫廷对埃提乌斯敌意四起，不断有人在瓦伦提尼安三世耳边诬告其谋反，而皇帝最后信以为真，并在公元454年9月亲自将其杀死。几个月后，即公元455年3月，瓦伦提尼安三世收获了自己种下的恶果——被复仇的埃提乌斯旧部刺杀。这数起刺杀事件又开启了一个动荡不安的时代，宫廷密谋和个人复仇轮番上演，直到西罗马帝国最终悲剧般覆灭。

帝国的哀鸣

从公元455年瓦伦提尼安三世遇刺到公元476年最后一位皇帝被废黜，这是西罗马帝国漫长而悲伤的弥留阶段。西罗马帝国无可挽回地走向了最终的覆灭，而在此期间出现了一系列昙花一现的统治者和接连不断的悲剧事件。在这二十年里，先后有九位皇帝登基，每两位之间都有一段空位期。除了政治、社会和经济结构解体之外，西罗马帝国的文化也陷入一片迷茫。

佩特罗尼乌斯·马克西穆斯是刺杀瓦伦提尼安三世的始作俑者之一，他成了西罗马帝国的皇帝，但他的统治只维持了几周。汪达尔国王盖萨里克远征罗马，试图向罗马皇帝复仇。佩特罗尼乌斯·马克西穆斯被害怕汪达尔人入侵的罗马市民杀死，随后罗马落入汪达尔人手中。与半个世纪之前的亚拉里克领导的西哥特人相比，汪达尔人的洗劫时间更长、更有组织性，被抢走的艺术品和物质财产不计其数。

西罗马帝国的灭亡

公元376年—公元378年

阿德里安堡

逃离匈奴人的西哥特人渡过多瑙河在色雷斯定居，并战胜了皇帝瓦伦斯。

公元401年—公元402年

意大利

在亚拉里克的指挥之下，西哥特人来到亚平宁半岛，他们要么为罗马政府效力，要么藐视对抗。不过，斯提利科把他们赶出了意大利。

公元408年

亚拉里克

霍诺里乌斯时期的一场宫廷政变陷害了斯提利科，亚拉里克趁机入侵不堪一击的意大利。

公元410年

罗马陷落

两年前，亚拉里克就曾包围过罗马城。公元410年8月，亚拉里克再次洗劫了罗马这座城市，不久后去世。次年，阿兰人、苏维汇人和汪达尔人瓜分了西班牙。

公元455年

盖萨里克

盖萨里克率领汪达尔人登陆意大利，攻陷了罗马城。教皇利奥一世成功阻止了汪达尔人焚城。

公元476年

奥多亚克

出身日耳曼人的军队首领奥多亚克，废除了西罗马最后一个皇帝罗慕路斯·奥古斯都。

汪达尔人向教皇利奥一世承诺不焚烧城市，不杀城中的居民，但依然有成千上万的囚犯被流放到了非洲。在权力真空之际，西哥特国王狄奥多里克二世拥立德高望重的高卢罗马贵族阿维图斯为皇帝。公元455年7月，阿维图斯在阿尔勒称帝。然而，当阿维图斯来到罗马时，迎接他的人对他的态度只有怀疑，而他的统治也只维持了几个月。阿维图斯获得了阿基坦西哥特人的支持，把高层行政职位分配给了高卢罗马贵族，而这些都为他招致了意大利精英阶层和军队的敌意。公元456年，阿维图

斯退位，不久之后去世。

经过了短暂的空位期之后（部分原因是马尔西安死后，东罗马帝国陷入混乱），公元457 年 4 月，将军马约里安被拥立为西罗马皇帝。尤利乌斯·瓦莱利乌斯·马约里安（Julius Valerius Majorianus）是最后一位配得上这个称号的皇帝，他为拯救西罗马帝国鞠躬尽瘁。马约里安的将军包括高卢的法兰克人和西哥特人、西班牙的苏维汇人、意大利北部的阿勒曼尼人，而他也留下了大量法律法规，大部分是为了减轻被统治者的负担。公元 458 年，

教皇利奥一世在曼托瓦城门会见阿提拉

在阿提拉和罗马帝国之间错综复杂的关系中，教皇利奥一世是主要人物之一，他们曾在曼托瓦会面。阿提拉刚刚入侵意大利北部时，迫使皇帝瓦伦提安三世离开拉文纳逃回了罗马避难。教皇利奥一世受皇帝瓦伦提尼安三世之托，与匈奴君主阿提拉会谈，劝其收纳贡金之后退兵。教皇利奥一世的介入，表明了基督教会在政治事件中的作用。这一场景被画家拉斐尔（Raphaël）留在梵蒂冈教皇宫赫里奥多罗厅的壁画上，现藏于罗马梵蒂冈博物馆。

马约里安动身前往高卢并定居阿尔勒，想要收复罗马帝国在非洲的疆土，但他的舰队行至阿利坎特和迦太基之间就被盖萨里克领导的汪达尔军队彻底消灭了。

公元 461 年 8 月，马约里安回到意大利后，掌控意大利军事大权的将军里西默下令将其逮捕并判处死刑。里西默的父母虽然分别是苏维汇人和西哥特人，但他却在事实上成了西罗马帝国或者说帝国剩余疆土的统治者，直到十一年后去世。在这段期间，一些傀儡皇帝相继出现。西罗马帝国的权威江河日下，控制范围仅剩亚平宁半岛和高卢东南部（北部高卢成立了一个独立政权，统治者是埃吉迪乌斯 [Égidius]）。

里西默拥立利比乌斯·塞维鲁（Libius Severus）为皇帝，但并未得到君士坦丁堡的承认。公元 465 年塞维鲁死后，出现了两年的空位期，直到东罗马皇帝利奥一世（拜占庭帝国的第一位皇帝）任命安特米乌斯（Anthémius）为皇帝。新皇帝安特米乌斯面临着西哥特国王尤里克（Euric）的扩张，后者利用罗马权威式微的局面，准备远征奥弗涅和西班牙的塔拉戈纳。安特米乌斯积极应对，并把女儿嫁给了里西默，以让这位军事最高统帅成为皇室家族成员，从而博取他的信任。安特米乌斯想要借助意大利军队和高卢勃艮第同盟的帮助，以控制尤里克的扩张进度，但并未成功。公元 468 年，东、西罗马帝国共同组织起强大的兵力，准备从汪达尔人手中夺回非洲领土，结果遭遇惨败。

安特米乌斯虽有东罗马皇帝的庇护，但仍然在公元 472 年被里西默杀死。随后，里西默推举元老院议员奥利布里乌斯（Olybrius）为皇帝，这位贵族是瓦伦提尼安三世的妹妹普拉西狄娅（Placidia）的丈夫、汪达尔王位继承人胡内里克的连襟。所以，奥利布里乌斯得到了汪达尔国王盖萨里克和罗马元老院的支持，但他的统治只持续了几周时间。里西默病死后不久，奥利布里乌斯也病逝了。

里西默和奥利布里乌斯的离世让西罗马帝国惊慌失措，此前被奥利布里乌斯赐予"贵族"头衔的勃艮第王子、里西默的侄子贡都巴德在公元 473 年 3 月拥立格利凯里乌斯为皇帝。东罗马皇帝利奥一世拒绝承认格利凯里乌斯，他选择了达尔马提亚的军事指挥官朱利乌斯·尼波斯，而格利凯里乌斯遭到废黜和流放。公元 474 年 6 月，尼波斯被拥立为皇帝，但贡都巴德对此表示反对。

罗慕路斯·奥古斯都——西罗马帝国的末代皇帝

西罗马皇帝朱利乌斯·尼波斯任命弗拉维乌斯·欧瑞斯特为军队统帅，因为尼波斯认为此人有能力控制以"蛮族"士兵为主的罗马军队。结果，欧瑞斯特发动叛变，推翻了朱利乌斯·尼波斯的统治，并把自己的幼子弗拉维乌斯·罗慕路斯（罗慕路斯·奥古斯都）扶上皇位。

欧瑞斯特曾担任过匈奴王阿提拉的秘书和使臣。公元475年，欧瑞斯特起兵造反，推翻了把自己任命为军队统帅的皇帝尼波斯，并想要效仿前任统帅里西默把政治权力掌握在自己手中，直到死去。东罗马皇帝芝诺（Zénon）将欧瑞斯特视为篡位者，拒绝承认他的儿子弗拉维乌斯·罗慕路斯为皇帝，但芝诺也并不想帮尼波斯夺回皇位。欧瑞斯特最大的困难来自哗变的日耳曼军队，他已经无力控制局面。这些士兵要求在亚平宁半岛定居，并要求有与高卢和西班牙的西哥特人相同的地位；他们还要求效仿西班牙、非洲和高卢，把意大利三分之一的领土分给士兵。欧瑞斯特拒绝了军队的要求，而士兵们在首领奥多亚克的支持下围困了欧瑞斯特避难的帕维亚。士兵们洗劫了帕维亚这座城市，随后一路追捕，最后在皮亚琴察将欧瑞斯特抓获并就地处死；他们也杀死了欧瑞斯特的弟弟，因为他带领一支规模不大的军队在拉文纳周围进行抵抗。奥多亚克把罗慕路斯·奥古斯都囚禁在那不勒斯的奥沃城堡，然后自称意大利国王。

插图 西罗马末代皇帝罗慕路斯·奥古斯都的苏勒德斯金币肖像。

为了拯救普罗旺斯（西罗马帝国掌控的最后一块高卢疆土），新皇帝尼波斯被迫把奥弗涅割让给西哥特国王尤里克。几个月后，即公元475年8月，尼波斯被逐渐赢得意大利"蛮族"好感的欧瑞斯特废黜。欧瑞斯特把对意大利的控制权掌握在自己手中，随后拥立自己的儿子罗慕路斯为皇帝。

年轻的罗慕路斯的统治无关紧要，但他却永留史册，而这不仅是因为他可笑的外号"小奥古斯都"（Augustule），同样也因为他是西罗马帝国的最后一位皇帝。罗马"蛮族"军队要求拥有同盟者的地位以及三分之一的意大利土地，但欧瑞斯特拒绝了这个要求。公元476年8月，欧瑞斯特在皮亚琴察被士兵杀死。欧瑞斯特的儿子罗慕路斯被废黜之后囚禁在坎帕尼亚（那不勒斯首府），但享有优厚的抚恤金。

执导这场军事政变的是"蛮族"军官奥多亚克，他是阿提拉的旧部埃狄卡（Édica）之子。奥多亚克拒绝任命新皇帝，他把西罗马的帝王徽章送给东罗马皇帝芝诺，并宣布一个奥古斯都就可以统治整个帝国。奥多亚克在意大利享有绝对统治权，但他并没有称帝。尼波斯被废黜之后回到了达尔马提亚，但并未得到芝诺的任何支持，无法重返罗马。从此，意大利和罗马帝国大部分西部行省一样，落入了"蛮族"之手。

西罗马帝国已经灭亡，它在悄无声息间消失了，没有任何悲剧事件发生。在这样的混乱局面中，没有皇帝等同于无限延长空位期，但东罗马皇帝依旧意图再次统一整个帝国。然而，在现在看来，西罗马帝国的陨落是一次重大的历史事件。

罗马帝国陨落的原因

尽管罗马帝国的解体是一个漫长的、几乎无法察觉的历史过程，但它的陨落却是最让历史学家着迷的重大历史事件之一。它不仅让无数学者提出了各种解释，也为大量文学和电影作品提供了素材，尤其是那些涉及重大侵略事件及其后果的作品，如 1954 年上映的道格拉斯·塞克（Douglas Sirk）执导的《异教徒的标志》（*Sign of the Pagan*，法语片名为 *Attila, roi des Huns*）和同年上映的彼得罗·弗兰西奇（Pietro Francisci）执导的《匈奴王阿提拉》（*Attila, fléeau de Dieu*）。

从公元 800 年查理曼加冕到 1804 年拿破仑加冕，欧洲历史在很大程度上都始终处于罗马帝国的影响之下，人们不断地歌颂它的成功和辉煌，但这座在若干个世纪里积累了无数权力和荣耀的大厦却在突然间轰然倒塌，只留下废墟让后人困惑不已。

罗马帝国的"陨落"，自然是和它的"堕落"有关。虽然它在区区几个月的时间里就灭亡了，但它此前的衰落却持续了很多年。对此，人们产生了很多疑问：它的灭亡和衰落究竟有什么样的关系？它的衰落是从何时开始的？它的衰落是可以避免的吗？

在《关于罗马帝国灭亡的布道》（*Ser-mons sur la chute de Rome*）中，希波

纳的奥古斯丁（Augustin d'hippone，即圣奥古斯丁）分析了公元 5 世纪初罗马城被攻陷和洗劫之后罗马帝国的衰落。从奥古斯丁开始，这个问题就一直被许多历史学家视为最重要的历史谜团之一。罗马这座"永恒之城"的坍塌具有了神话色彩，有人认为它是重要的政治结构不可能长久存在的证据，也有人把它视为文明由盛转衰并最终灭亡的范式，甚至还有人把它视为历史终结的讽喻。所有曾经遭遇过深层危机的文明都可以在晚期罗马帝国身上找到自己的倒影，而 20 世纪 30 年代西方遭遇的经济和政治危机让人们对古代晚期重新产生了兴趣。

圣凯撒利乌斯

圣凯撒利乌斯（Saint Césaire，公元 470 年—公元 542 年）是普罗旺斯城市阿尔勒的主教，而阿尔勒是高卢地区第一座主教城市（公元 513 年）。在西哥特人、东哥特人和法兰克人的相继统治之下，凯撒利乌斯逐渐因为热衷帮助穷人而声名远扬。凯撒利乌斯主持召开了多次主教会议，如奥朗热主教会议，为教会的组织做出了贡献。狄奥多里克一世和凯撒利乌斯的关系非常密切，对他非常关心，经常送给他礼物，而这些礼物却被凯撒利乌斯卖掉来帮助穷人。

插图 这个象牙带扣有可能是国王狄奥多里克一世赠与凯撒利乌斯的礼物，现藏于阿尔勒省立考古博物馆。

对西罗马帝国陨落的解释主要有两种方式：一种是理性派视角，认为这不过是皇帝更替的中断；另一种是系统派观点，认为西罗马帝国的灭亡是古典文明的崩溃。有的人从内在原因（罗马帝国的衰落）来解释其灭亡，还有的人提出了一些外在原因，强调了日耳曼民族入侵的影响。在时代发展过程中，这两种假设轮流占据上风。

如今，外因理论占据主导，更强调日耳曼"蛮族"入侵对罗马帝国的影响，但内因并未因此而被忽视。支持历史是连续性的人指出，古典罗马价值观念一直延续到了加洛林王朝时期，他们认为日耳曼"蛮族"入侵对社会、经济、文化和宗教的中断并不如穆斯林那么彻底。无论如何，我们可以说，西罗马帝国的陨落并不是单一原因，而是多个事件共同导致的结果。

要在下列事实中确定哪些是关键因素，难度实在太大：自然灾害（传染病、气候变化、人口减少）、局部的经济危机（货币贬值，购买力下降，农业和贸易缩水导致自给自足模式出现，放弃土地，社会关系的扩张）、社会动乱（城市暴动，社会叛乱，强盗和海盗，传统特权阶级的转变）、糟糕的执政管理（"蛮族"军队和罗马文官的权力争夺，武官凌驾于文官之上，中心地区和边疆地区之间的持续冲突）、军事失败（导致内战出现、篡夺帝位、劫掠、军队暴力）和宗教变化。

如今，人们认为在所有这些原因之中，道德堕落、基督教的扩张和文化多样性的可信度最低。但是，在两次世界大战之间，在当时的极端理论和新法西斯理论浪潮的影响下，这三种假设都得到了广泛认同。

历史学家对罗马帝国的衰落和灭亡的理解产生了重要影响。中世纪的历史学家认为，西罗马的政治权力和军事权力的分裂，导致了文明的毁灭和古典文化的结束。18世纪、19世纪的启蒙运动和实证主义则认为，从与人类生命相似的进化视角来看，文化不可避免地要经历衰落和灭亡。

从这个角度来看，罗马帝国晚期的政治形势和基督教的扩张被视为衰落的原因。因此，在18世纪，英国历史学家、史学名著《罗马帝国衰亡史》（*Histoire de la*

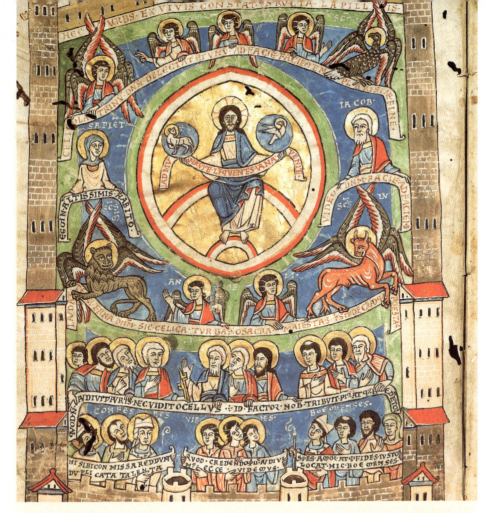

希波纳的奥古斯丁：《上帝之城》与罗马帝国的陨落

异教徒迫不及待地认为，罗马帝国灭亡是因为它抛弃异教诸神转而信仰基督教。基督教徒则为他们的信仰和教义辩护，并以此作为回应。

公元 412 年，也就是罗马陷落两年之后，奥古斯丁开始撰写《上帝之城》（La Cité de Dieu），并在这部著作中分析了公元 410 年 8 月的事件。为此，这部著作第一卷的标题就非常明了——"罗马被洗劫并不是对基督教的神圣惩罚"。奥古斯丁解释道，"由于敬重基督，'蛮族'人在洗劫罗马时饶恕了那些敌视基督之名的人"，同时发出疑问——"这些由于'蛮族'人敬重基督而得到宽恕的罗马人不是成为基督之名的敌人了吗？"对于那些诋毁基督信仰的众多罗马人，奥古斯丁认为有一天惩罚终将到来，他们会承受"深渊中永恒的痛苦和折磨"。奥古斯丁在《上帝之城》中解释了真正的基督教徒并不居住在世间的城市里而是在上帝的永恒之城，对这座城市而言，历史事件并不重要。

插图 《奥古斯丁的〈上帝之城〉》（Liber Augustini de Civitate Dei），12 世纪手抄本细密画。现藏于布拉格哈拉卡尼城堡。

罗马的衰落

希波纳的奥古斯丁认为，衰落不是上帝所为，而是肉欲、乱伦、色情、奢侈、偶像崇拜、敌意、诉讼、敌对、怨恨、分歧、嫉妒和其他身心罪恶导致的。

插图 《颓废的罗马人》（ *Les Romains de la décadence* ），油画，托马斯·库图尔（Thomas Couture）1847 年所作。现藏于剑桥哈佛大学艺术博物馆福格艺术博物馆。

décadence et de la chute de l'Empire romain ）的作者爱德华·吉本（Edward Gibbon），提到了一个由孟德斯鸠（Montesquieu）提出的流传颇广的观点，即"共和美德"的失去是罗马帝国崩溃的根本原因。

在 20 世纪，法国历史学家亨利-伊雷内·马鲁（Henri-Irénée Marrou）提出了新的历史分期。亨利-伊雷内·马鲁把古代晚期确定为公元 3 世纪—公元 7 世纪，而且把这个时期和"堕落"这个词区分开，因为他认为这个词是一种道德评判，并催生了历史上的某种哲学观点。

如今，随着新的研究不断出现，史学界认为大规模的危机的确发生过，但局限在某些具体的地理区域之中。

如此一来，许多历史学家重新思考了"衰落和中断"学说，更加强调与这段时期的延续性、转变性和过渡性有关的概念。

《古代城邦》（*La Cité antique*，1864）的作者福斯特尔·德·库朗热（Fustel de Coulanges）是这种观点的先驱，他认为"蛮族"不是古代世界的毁灭者，他们给了正在发生转变的进程一个新的方向。库朗热的学生、比利时学者亨利·皮朗（Henri Pirenne）在《穆罕默德和查理曼》（*Mahomet et Charlemagne*，1937）一书中阐释了自己的观点，他认为日耳曼"蛮族"入侵没有摧毁古代地中海的政治、经济统一，同样他们也没有消灭公元5世纪罗马文化的主要特质。在亨利·皮朗看来，伊斯兰教的突然扩张中断了地中海商路，导致欧洲经济衰退、自给自足模式出现，也中断了西方文化的统一，这是古代世界中断的真正原因。然而，在当时深受马克思学派影响的历史研究领域里，这种观点并没有太多说服力。

与这些支持历史连续性的学者不同的是，还有一些专家支持"崩溃说"，其中包括英国学者、《历史研究》（*Étude de l'Histoire*）的作者阿诺德·约瑟夫·汤因比（Arnold Joseph Toynbee），他采用了一种名为"历史有机论"的概念，认为重要的文明和活的有机体一样，会经历出现、发展、主导、衰退、死亡的过程，而且以循环的方式不断更替。这种学说的支持者指出，罗马帝国衰亡是不可避免的，并根据复杂社会衰落理论把罗马帝国的崩溃和其他重要文明的灭亡做了比较。

这些数量众多的理论，表明罗马帝国灭亡的问题依旧没有定论，而这也解释了为何在历史长河中乃至今天它始终能够引起人们的兴趣。

戈尔迪安三世

公元 238 年，13 岁的戈尔迪安三世被拥立为皇帝。该雕像立于一座公元 3 世纪的罗马石棺之上，现藏于罗马国家博物馆戴克里先浴场。

插图（右侧） 公元 2 世纪的铜肩带，上面雕刻的是罗马人和"蛮族"的战斗场面。现藏于奥斯塔地区考古博物馆。

罗马帝国晚期的社会

　　罗马帝国晚期经历了尖锐的经济危机阶段，以前的社会秩序也受到深度的质疑。虽然这段时期的社会流动性更强——这也是过渡时期的典型特征，但经济不平衡现象也不断加剧，贵族阶级、城市寡头政治集团和小农阶级之间的鸿沟逐渐加深，而人口减少和局部动荡对城市的冲击也越来越严重。

在前面的章节中，我们详细介绍了罗马帝国晚期动荡的政治环境，但为了更好地理解这一点，我们必须对接连出现的社会动乱、经济危机和自然灾害进行系统梳理，而正是这些因素让罗马帝国逐渐走向混乱。

　　长期存在的内战以及与日耳曼人的战争不仅导致人口减少，也影响了受战争危害最严重地区的农业生产和城市稳定。与这一时期有关的众多文献都提到了土地减产的情况，其中的原因包括劳动力缺乏（sterilitas，如不孕）、税收压力增加、为了维持军队而额外征收实物等。

卢戈：80 座塔楼的罗马城

卢戈城，公元前 1 世纪由罗马人建造，是征服和殖民西班牙西北部的桥头堡。卢戈的城墙，至今仍保存完好。

防御围墙的长度超过 2200 米、高 8~12 米、宽 4.2~7 米，而且围墙还有 10 栋大门和 80 座哨塔，其中有 46 座保存至今。墙体使用巨石、卵石和泥土砌成，圈地面积超过 34 公顷。哨塔以圆形为主，布局方式能够防止死角。整座防御工事修建于罗马帝国晚期，大约在公元 260 年—公元 325 年之间。

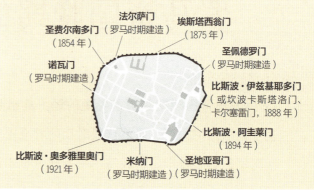

法尔萨门
圣费尔南多门（罗马时期建造）　埃斯塔西翁门
（1854 年）　　　　　　　　　　　（1875 年）
　　　　　　　　　　　　　　　圣佩德罗门
诺瓦门　　　　　　　　　　　　（罗马时期建造）
（罗马时期建造）
　　　　　　　　　　　　　　比斯波·伊兹基耶多门
　　　　　　　　　　　　（或坎波卡斯塔洛门、
　　　　　　　　　　　　卡尔塞雷门，1888 年）
　　　　　　　　　　　　比斯波·阿圭莱门
　　　　　　　　　　　　（1894 年）
比斯波·奥多雅里奥门　米纳门　　圣地亚哥门
（1921 年）　　（罗马时期建造）（罗马时期建造）

罗马与君士坦丁堡握手的金币图像：

农田荒废（agri deserti，如农田沙漠化）逐渐成为普遍现象，而引入"蛮族"的囚犯来增加人口的举措就是例证，但这一措施并未奏效。被荒废的农田越来越多，主要原因是大地主拒绝缴纳他们认为过于沉重的赋税。

传染病也导致人口减少，而持续不断的军队调动为这些疾病的传播创造了条件。考古发现表明，在公元 3 世纪，意大利、希腊和北非发生了一系列自然灾害，尤其是地震对罗马帝国造成了严重损害。

公元 3 世纪的人口减少抵消了农业减产的副作用，

它很自然地导致外来民族前往罗马帝国定居。今天，
我们知道，从中长期来看，这些民族的定居对罗马帝
国的稳定的影响远超过某些军事溃败。考古学家在高
卢和多瑙河流域的行省发现了一些被摧毁和洗劫过的
农业庄园和城市，它们在局势更稳定的时期才得以重
建，如"四帝共治"时期或君士坦丁一世统治时期。

　　重新修建城墙的城市有一个特点：被加固的区域
只是以前的城市面积的一部分，罗马帝国早期曾经有
人居住的区域被排除在外。从这个特点可以看出，人
们出于节约选择了仅仅保护城市最重要的部分。然而，

被城墙包围的城市面积的减小并不意味着城墙之外的居民区就被抛弃了，但它标志着西方城市发展的一个转折点，导致了中世纪早期的城市主要是政治、行政、宗教和军事中心而非贸易重地。

战争和劫掠对贸易往来也产生了可怕的负面影响：陆路已经不再安全，海路（尤其是地中海东部、高卢和不列颠的大西洋沿岸）上的海盗活动也越来越猖獗。萨珊王朝的扩张和帕尔米拉王国的毁灭，严重打击了东西方之间利润丰厚的异域商品交易和香料贸易往来。

此外，公元 3 世纪最后三十年到公元 4 世纪中叶之间，通货膨胀非常严重，原因是政府大量发行货币，并且用各种手段来操控流通硬币的品质和重量，尤其是构成贸易基础的银币。最后，手工业的地方化导致地区性和局部性的销售渠道出现，农村集市逐渐增加，给城市贸易中心带来了不利影响。

然而，总的来说，城市比农村更能应对各种困境，它们可以通过政府的财政资助来重建。因此，东罗马帝国在经济方面承受的打击要弱于西罗马帝国，后者的城市网络出现得更晚也更脆弱。

需要注意的是，在公元 4 世纪，外界军事压力减弱，内战次数减少，也没有出现任何大型传染病。这种相对的平静刺激了人口增长，其中有两个迹象能够清楚地表明这一点：一个是大量出现的与遗弃和贩卖儿童奴隶有关的帝国法律；另一个是鼓励奴隶组建家庭的趋势，这与当时常见的要求奴隶独身的做法相反。考古研究发现，在东罗马地区，此前被抛弃的土地受到重视，而这也表明了人口的增加。

人口虽然快速增加，但仍然是杯水车薪，大地主依旧难以找到和保留足够的农村劳动力。在戴克里先决定恢复边境军事部署之后，大地主们拒绝送交这些劳动力去当兵。

政府与税收压力

想要了解罗马帝国晚期，必须清楚政府对经济和社会的影响。这个问题的核心是税制和公共财产概念的发展，而这里我们主要介绍对后世社会最有影响的内容。

从戴克里先统治开始，税收压力不断加剧，原因包括大规模征兵导致巨额军费开支，通货膨胀愈演愈烈，商业贸易税费居高不下，等等。农业生产也受到地产税改革的影响，因为这种税的标准涉及土地的质量和面积以及每块庄园雇佣的劳动力数量，使得每年农业生产的很大一部分要用来交税。

随着一些滥用职权的做法越来越常见，税收带来的压力也愈发沉重，如实物形式的附加征税和征用，货物被强制以低于市场的价格卖给政府，等等。政府对负责征税和军队补给的文武官员的管控放松，滥用职权和腐败现象也变得司空见惯。

这些横征暴敛的行径，损害了底层百姓、普通有产者、负责所在城市税务事宜的市政贵族等不同阶层的利益。虽然罗马帝国的行政部门不断治理这些不当行为，但税收压力始终是罗马帝国晚期社会引发民怨的问题之一。然而，最能引起社会不满的并非税收过重，而是征税分配的不平等。

事实上，不断加剧的税收压力和货币通货膨胀主要源自猛增的军费开支。戴克里先的改革导致士兵数量持续增加，而制造货币的作坊都建在边境的主要军营附近，以便为士兵发放每年的军饷（stipendium）和各种奖金（donativa）。需要注意的是，军饷使用的是容易受通货膨胀影响的铜币（这种货币的票面价值很低，但高于实际价值，通常掺杂极少量贵重金属），各种奖金使用的是金银含量较高的货币。实物形式的支付（annonae，供给）越来越常见，并成为第三种报酬形式，以满足部队的粮食和装备需求。

这项政策的实施，一方面让士兵生活条件得以改善，但另一方面流通货币的增加和民众的不信任导致的通货膨胀又使士兵的购买力大幅下降。因此，士兵们的生活水平逐渐接近没有专业资格的劳动者和农民。不过，士兵能够积攒一些财富，因为他们能够得到比较多的贵重金属货币。

这种变化对罗马帝国是不利的：从经济角度来看，军队是经济、手工业和贸易活动发展的动力之一；从社会角度来看，这种变化会激发士兵的不满。在过去几百年间，军团一直都是社会阶层流动的杠杆，但随着行伍生涯的吸引力越来越弱，它也无法再扮演同样的角色。逃兵现象越来越严重，甚至成了公元3世纪—公元5世纪这一时期的典型特征。为了缓和这种情形，从"蛮族"中招募士兵变得不可避免。

政府使用了各种手段，试图压制通货膨胀的趋势，最早采取的措施之一是冻结

罗马帝国晚期的军队变化

戴克里先和君士坦丁的"四帝共治"制，改变了军队规模、部队成分、作战战略及其组织形式。

在公元284年—公元324年这段混乱时期，皇帝们根据各自的政治意图和经济形势对军队进行了改组。在东部，戴克里先让士兵人数增加到50万人，比塞普蒂米乌斯·塞维鲁统治时期多10%，而士兵招募导致了赋税增加。君士坦丁则改变了罗马帝国的军事结构、战斗策略甚至武器装备，其创新在于设立了捍卫边境的地方野战军（comitatenses）。这支军事力量包括了戴克里先创立的突击部队（步行或骑马的重步兵军团），其中步兵指挥（magister peditum）负责步兵，骑兵指挥（magister equitum）统领骑兵。因此，骑兵部队的数量越来越多，而军队是否高效则取决于作战策略是否灵活机动。这种变化让步兵军团升级换代，并为罗马帝国立下了赫赫战功，且一直持续到了公元5世纪中叶。骑兵部队比步兵更加多样化，并且借用了"蛮族"的战争技巧。实际上，在公元4世纪的意大利、伊比利亚或高卢的行省军队中，大概有四分之一的罗马士兵出身"蛮族"，他们带着战马和武器来为罗马皇帝效力。

插图 罗马戴克里先拱门浮雕上的持椭圆形盾牌的士兵。公元3世纪，椭圆形盾牌取代了内曲的方形盾牌。

金属货币薪酬，普及实物支付。这种措施所涉及的不仅仅是军队，也包括所有自由职业，如律师、医生或负责城市中心补给的商人。

因此，在公元 3 世纪末至公元 4 世纪的一段时间里，以物易物的"自然经济"发展起来。对政府而言，这种经济模式是合理的，因为大部分税收来自农业生产。然而，实物支付要求非常复杂的运输体系且这种体系的成本很高，如此一来"自然经济"对抗通货膨胀的所谓优势也被抵消了。这就是为什么政府最终不得不恢复并未彻底消失的货币支付，确立强制性的销售体制，迫使个人接受政府确定的浮动价格进行销售。

特权阶级

经济困难导致社会金字塔的两极（大贵族和佃农）之间的鸿沟越来越深。特权阶级或权贵阶级（potentes）有三大社会来源：传统的元老院贵族、行省官僚体系中的高级官员和军队高级军官。

公元 3 世纪，旧的元老院出现了危机，传统贵族阶级也出现重大变化。政治形势的变化与行政、军队的职业化，进一步改变了元老院的角色。元老院从一个核心统治机构变成了一个社会统治阶层，这个阶层内部既有旧的元老院大家族，也有富裕行省贵族中的新家族。这些"新家族"竭尽所能地使用各种灵活的策略，证明自己与经历过罗马共和国的大家族拥有亲缘关系，然而很少有家族能像阿奇利（Acilli）家族一样炫耀自己光辉的共和历史。或许，富裕而强大的阿尼契（Anicii）家族的情形更为普遍，这个家族的历史没有那么悠久，最早可以追溯到的是公元 198 年被任命的第一位执政官。

除了这些"新家族"之外，逐渐成形的君主专制更彻底改变了元老院的机构性质。随着时代的发展，元老院不再拥有执政权而是变成了一个代表机构，许多成员也已经不在罗马居住。元老院贵族的来源越来越多样化，但它依然保留了旧时的风俗习惯和强大的阶级观念、团结理念。

大规模的地产是元老院阶层的主要财富来源（物质资本）和社会地位的基础（象征资本），该阶层的传统教育依旧以古典文学为主。

宴会和表演

　　这幅马赛克镶嵌画来自突尼斯埃尔·杰姆城的一座罗马别墅，别墅的圆形剧场大约是公元 3 世纪戈尔迪安统治时期建造的，那里经常有露天演出、角斗士比赛和猎兽表演（venationes）。马赛克镶嵌画的上部描绘的是为第二天就要参加表演的猎手们准备的宴会，下部描绘的是两个掷骰子的人，他们负责看管表演要用的牲畜。热衷于这种表演的皇帝（如尼禄和图密善）使用公牛来折磨被判处死刑的基督教徒，让角斗士在剧场中比赛。表演开始之前，人们要用公牛向诸神祭祀。在对库柏勒（Cybèle）的信仰中，"公牛祭典"（Taurobolium）最开始的仪式就是将公牛割喉，让信徒用鲜血沐浴。

加里恩努斯（Gallien）和戴克里先的改革，逐渐让元老院议员无法插手行政管理和帝国军队。在某些学者看来，他们之所以渐渐远离公众生活，一个原因是贵族家族倾向于在行省别墅里隐居，另一个原因是他们对基督教的热情不断高涨且许多贵族在基督教会中任职。

然而，也有许多贵族不甘于无所事事的闲散生活，依旧渴望在行政机构中任职——君士坦丁一世统治时期便满足了他们的要求。此后，元老院贵族在罗马行政区和行省的政府中也占据了重要的一席之地，虽然旧的元老院家族成员的官职必然不如传统中央行政机构那样显赫，但他们却能从任职地区获得政治利益和经济利益。与此同时，从君士坦丁一世统治时期开始，元老院被不断改革，担任高级公共职务的元老院议员逐渐被更新换代。

军队的下级军官也壮大了罗马帝国晚期的上层贵族队伍。在这一时期，获得公职依靠的是专业资质、个人功绩和皇帝的青睐而非社会出身，因为大部分皇帝也并非贵族出身，他们更重视个人能力和地域关系。

各个王朝都有一个非常明显的倾向，那就是对军事生涯非常重视，而且通常会通过传统的联姻方式来巩固自己的势力——只要有利于帝国，他们就会毫不犹豫地与日耳曼王族和首领联姻。

新的军事贵族的社会来源尽管很复杂，但很快便朝着世袭贵族的方向发展。军队高级指挥官阶层和日耳曼部落一样，也有着这种趋势。军事贵族有着很强的影响力和政治权力，他们能够获得大量土地和庄园，而且习惯派遣专门的士兵来维护这些田产——这些士兵被称为"私人卫队"（buccellarii，家丁），他们的伙食费由贵族承担。

这些权力极大的军事贵族逐渐威胁到了政府权威，而斯提利科的态度就很能说明问题。在狄奥多西死后，汪达尔人出身的斯提利科大权在握，拥有一支由"蛮族"战士组成的军队来为皇室效力。

然而，军事贵族很难与传统的元老院贵族通婚，这或许是因为元老院贵族看不起军事贵族，认为他们是"暴发户"。军事贵族发迹于战场，他们与日耳曼"蛮族"浴血奋战，与皇室关系亲密，而各行省的元老院贵族则逐渐被边缘化。这两个阶层

古罗马的石碑铭文

碑 铭文字是在石头、铜、银或金等材质上所刻的文字，目的是让文本永远流传。已知的古罗马最初几个世纪以及早期帝国行政机构的主要文献都是雕刻文本，关于帝国法律或者墓葬建筑的碑文被保存至今。在某些碑文上，我们甚至还有可能辨认出石块切割者或雕刻者的名字。在罗马大道两旁，每隔一哩（约1479米）就有一块界碑，这些界碑上所雕刻的铭文记录了掌权皇帝的荣耀，也标示了界碑与大道起点的距离。

骑士弗拉维乌斯·巴索斯的墓葬石碑

　　这是一座后世献给弗拉维乌斯·巴索斯（Flavius Bassus）的建筑。弗拉维乌斯·巴索斯是诺里库姆骑兵，属于法比乌斯·普登斯（Fabius Pudens）领导的骑兵团。根据碑文记载，弗拉维乌斯·巴索斯是穆卡拉（Mucala）之子，死时46岁，共服役二十六年。

此处提到的是皇帝和恺撒，即君士坦丁和他的三个儿子君士坦丁二世、君士坦斯一世、君士坦提乌斯二世。

此处记录的是皇帝君士坦丁的批复，要求在斯佩罗为皇室家族建造一座庙宇，并将这座城市更名为弗拉维乌斯·君士坦斯。

这块巨大的石碑发现于佩鲁贾的斯佩罗，是一份罗马公法文献。现藏于佩鲁贾考古博物馆碑铭厅。

古罗马方块大写字母（capitalis monumentalis）

古罗马方块大写字母诞生于公元前6世纪的意大利中西部地区（翁布里亚），位于伊特鲁里亚人控制的区域。这种书写方式被拉丁字母书写继承了下来，它在加洛林王朝时期也有使用，尤其是在石刻、公告和书名编纂中。学者们根据时代需要创造了一些变体形式，随后被应用于印刷术中。如今，报纸和书籍的标题、每章节的第一个字母所使用的都是印刷体大写（quadrata），而这种字体最初是为了表示对神明的崇敬或者对法官的尊重。后来，在共和时期，它逐渐被应用到罗马人的日常生活中，如在各个时期的建筑、陵墓和建筑上雕刻的拉丁碑文等。

墓志铭 铭文和浅浮雕描绘的是图书馆书记官C.斯塔提乌斯·塞尔苏斯（C. Statius Celsus），他穿着托加（togo）长袍，并有助手陪伴。现藏于罗马文明博物馆。

西西里岛卡萨尔古罗马别墅：
无与伦比的马赛克镶嵌画

在 1929 年—1950 年间，意大利考古学家经过数次考古发掘，卡萨尔古罗马别墅得以重见天日，而数量庞大的罗马时期马赛克镶嵌画让其闻名于世。中世纪早期，一场洪水导致这些马赛克镶嵌画被覆盖在一层淤泥之下，并让它们被完好地保存至今。

这栋别墅位于西西里岛的阿尔梅里纳广场，大约建造于公元285 年—公元 305 年间。不过，考古学家最初估计这栋建筑的建造持续了五十年，别墅主人的名字尚无法确定。但根据可信度最高的假设推定，它的主人有可能是西西里总督瓦雷利乌斯·普罗库鲁斯·波普罗尼乌斯（Valerius Proculus Populonius，公元 327 年—公元 331 年在任），他在公元 340 年即君士坦丁二世统治期间成为执政官。别墅里许多房间的地板都装饰着彩色马赛克镶嵌画，有的马赛克镶嵌画的精美程度甚至堪称罗马世界之最。体育场的马赛克镶嵌画描绘的是进行四轮战车竞赛的罗马竞技场。"冷水厅"的巨幅马赛克镶嵌画环绕八角形房间一周，描绘的是渔夫、人身鱼尾的海神特里通、海中仙女和海马。主廊长 66 米、宽 5 米，还有两个半圆形后殿（其他走廊也一样）。主廊的马赛克画呈现的是各种各样的狩猎场景，形式与左侧的狩猎场景类似，但这幅马赛克镶嵌画装饰的是一间起居室的地面。其他场景还包括抓捕猛兽和动物，尤其是捕获鸵鸟和猫科动物的场面。各个房间之间的风格明显不同，但这并不意味着马赛克镶嵌画的制作时期各不相同，而是证明了它们是由许多工匠大师完成的。

的分化是社会结构重组的重要表现，它也导致了政治结构的改变，成为西罗马皇权衰落的原因之一。

有产贵族

无论是元老院贵族、官僚贵族还是军事贵族，他们都乐于投资面积庞大的农业地产。在罗马帝国晚期，大量土地和不动产集中到了少数人手中，这对西方在随后几百年间的经济和社会结构产生了深远影响。

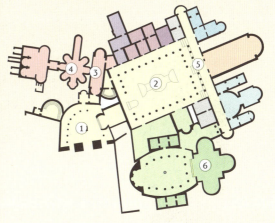

① **多角形庭院** 正门中央有一处喷泉，通往一座四边形的柱廊式内院。

② **柱廊式内院** 别墅的各种建筑都朝着这座装饰着兽头的四边形空间靠拢。

③ **体育场** 这座有屋顶的建筑的两端是半圆室，其马赛克镶嵌画展现的是罗马竞技场的场景。

④ **"冷水厅"** 这个八角厅有六个凹室，其中一个通往游泳池，还有一个通往蒸汽浴室。

⑤ **散步走廊** 这条走廊长66米，两端是半圆室，地面覆盖有描绘抓捕野兽场景的马赛克镶嵌画。

⑥ **"卧躺餐厅"** 前方是一个椭圆形天井，周围是一些附属建筑，主要是厨房。

　　随着中小型地产的减少，旧的公共不动产被贵族占为己有，私人大地产逐渐形成，如卡帕多西亚、埃及、非洲、意大利和西班牙的皇家地产被卖给了各行省的达官显贵。在公元4世纪，还有地产被出让给了基督教会，尤其是在异教庙宇资产被征收之际。随着基督教在元老院贵族阶层中的传播，教会收到的私人捐赠大量增加，这种行为在随后的若干世纪里一直存在。

　　权贵阶层有意而为的同阶层通婚政策也促进了土地集中，

一位罗马演讲者的雕塑

这座公元 4 世纪的雕塑发现于赫拉克来俄波利斯（今埃及埃尔麦地那），雕塑人物有可能是一位元老院议员。在罗马，雄辩术主要存在于政治领域，许多官员都会学习雄辩术。

奴隶（第 137 页）

这是一座还愿祭坛上的浅浮雕，浮雕人物是两个奴隶：一个举着水果篮，另一个撑着遮阳伞。现藏于罗马国家博物馆戴克里先浴场。

分散的农场和住宅（别墅 [villae]、土地 [fundi]）集中形成了大型地产。富有的女继承人小梅拉尼娅（Mélanie la Jeune）和丈夫皮尼亚努斯（Pinien）就是例证，他们的故事极具教化作用。他们在非洲、不列颠、西班牙和意大利都拥有辽阔的地产，并在皈依基督教之后卖掉了这些财产。

这些土地散落在不同的地区，类型也各不相同，如农田、牧场、森林、小农庄等。这些地产的中心通常是一栋大宅，主人在这里行使自己的经济权利，有时也会涉及行政和赋税领域。因此，在罗马帝国晚期，传统的隶农制也推动了大型庄园地产的出现。

从皇帝瓦伦提尼安开始，私人大地产出现了一种快速普及的征税方式，地产所有者及其代理人可以直接向农民征税。从公元 4 世纪中叶起，这种做法导致罗马帝国内部的公共职责被逐渐削弱，并导致免税权和地方个人权力的发展。在大型别墅周围，小村子渐渐聚集起来，形成了中世纪"城镇社会"的雏形。

土地的集中促进了某些农业生产技术的传播，如牛拉收割机和水磨坊。事实上，水磨坊的发明可以追溯到希腊化时期，但并未被大范围使用。

小农阶层

随着农业生产结构的变化，奴隶的法律地位和社会地位却得到了提高，而这似乎有悖于常理。他们更加独立（但始终要依附于主人），有了自己的工具，也能获得一小部分自己的劳动产品。农业奴隶越来越像某种形式的后勤管家，他们和家人生活在大庄园里，有一小块可以独立经营的农田。

罗马帝国晚期的农民阶层

　　罗马帝国晚期的改革改变了农业生产的基础，自由农逐渐被土地所束缚，有时甚至会打家劫舍、聚众造反或加入"蛮族"军队。

　　罗马帝国建立在农业经济之上并以小农经济为主，农村地区大规模的奴隶制是不同寻常的。然而，大型农业庄园逐渐吞并了佃农和平民劳作的中小型农场。随着农村人口的增长和新的肥沃土地的开垦，农业生产也得到增长。不过，高卢地区的农民却被迫起义，原因包括沉重的赋税和军队征召政策（戴克里先时期），君士坦丁创立的野战军侵占农场，以及北方"蛮族"的入侵。在公元4世纪和公元5世纪，许多农民受到隶农制的约束，他们不得不把劳动收入当作地租上缴，并且依附于大地产所有者。

　　插图　描绘农民劳动场景的墓葬浅浮雕，现藏于罗马国家博物馆戴克里先浴场。

随着时代的发展，古典时期的奴隶制不再是罗马经济的主要组成要素。这种变化源自大中型农业地产的经营方式的变化，负责耕种的是隶农或佃户，而大地产主也因此可以得到可靠的劳动力且又无须费心监督。在当时那个时局动荡、劳动力难觅的背景下，这可谓一举两得。然而，隶农及其继承人终身都要被束缚在土地上。

隶农制的蓬勃和古典奴隶制的式微，导致了一个新社会阶层的形成。从不同的角度来看，这种被束缚在土地上的自由农的生存条件与奴隶十分相似，各种各样的法律条款规定了隶农的农业活动，而在这样的束缚之下他们的社会处境不断恶化。

奴隶制并没有彻底消失，而是成为土地统治的工具之一。奴隶制的法律形式基本没有改变，但奴隶的处境却根据不同的地区和家族传统而有变化。基督教的扩张让某些地区的奴隶得以释放，虽然君士坦丁禁止在分割财产时拆散奴隶家庭成员，但他们的处境依然很艰难。

传统的独立农民阶层的处境在恶化，他们从拥有小块土地的自耕农变成了需要向大地产者租佃土地的佃农，这种变化更能说明社会结构遭到了破坏。由于罗马帝国晚期过重的赋税，以及军事和经济方面的困境，拥有小块土地、生产率低下的自耕农逐渐破产。占据地方要职的大地产所有者侵吞了这些农民的土地，并将其并入自己庞大的庄园里。负债的农民没有别的选择，只能继续在土地上耕种，以上缴拖欠的地租。久而久之，就形成了农民对大地产所有者的依附关系，而且这种依附关系是继承性的。二者之间有契约关系，农民被迫耕种土地和上缴地租。农民无法离开他们耕种的土地，他们在法律地位上属于隶农或佃农（coloni adscripticii）。他们的处境与奴隶相似，如不得做证反对他们的保护主（patron，保护获得自由的奴隶或平民的贵族），未经保护主允许不得结婚，等等。此外，他们世世代代都被束缚在土地上。

新农民阶层的出现是罗马帝国晚期最重要的经济和社会现象之一。不过，中小地产并未完全消失，但仅存于北非、高卢南部、贝提卡（此处的土地适合葡萄和橄榄等作物的集约型种植）城市化最发达的地区以及叙利亚、小亚细亚和埃及等东部地区。此外，由于其他原因，在罗马帝国西部被摧毁的边境地区也短暂存在过中小地产。

城市危机

中等规模地产的减少也导致地方议员阶层发生改变，这个城市寡头政治集团曾在罗马帝国早期扮演过重要角色。这些城市管理者主要负责在城市里征税，但随着沉重的赋税压力让征税逐渐复杂化，政府允许他们的职务世代相传，而此前这个职务是按照约定俗成的方式根据具体情况授予那些受民众尊敬之人。地方议员必须全身心投入到城市管理中去，他们被禁止进入军事或官僚机构之中。

在罗马帝国晚期社会中，地方议员逐渐被边缘化。时代形势有利于独立的大地产主，他们以自给自足的方式生活，这导致城市经济规模不断缩小。与中小地产主一样，城市寡头政治集团在东罗马帝国的处境更好一些。不过，越来越动荡的社会环境和相对缩小的城市规模加速了地方议员阶层的衰落，城市寡头集团难以继续保持繁荣。

由于冲突、骚乱和暴力事件时有发生，城市环境有时并不利于经济发展。手工业者和商人的处境根据不同的行业和地区而有变化，但总的来看他们的活动和收入受时代变迁的影响最小。经济收入暴跌对雇佣劳动者和奴隶的处境影响最大，他们的生活水平也日益恶化。此外，城市或农村寡头政治集团也常常用高利贷来控制这些群体。

海上贸易虽有风险却是唯一能够赢利的贸易，但只有富裕的船主才能从事这种商业活动，他们享有固定收益，并用这些利润来购置土地。

插图 1564 年的帕拉丁抄本 (Codex Palatinus) 中的朱莉娅·奥古斯塔·陶里诺鲁姆殖民地 (Julia Augusta Taurinorum，今都灵)。

最后，地产贵族拥有丰富的农产品，因此能够控制重要的农产品市场。每周一次的集市以及在大庄园和附近村镇巡回售卖的商人不断增加，这也是城市经济衰退而地产贵族势力增强的原因之一。

所有这些变化都对城市造成了明显的实质损害：许多城市的居民数量减少，城市日趋衰败且再也无法重现往日辉煌，只能成为

都灵的古罗马遗迹

　　这座城市的中心地区耸立着古罗马时代的建筑，如帕拉迪内城门（见上图）、圆形剧场的一部分、普雷托利亚城门等。

地区贸易再分配中心或者行政机构所在地。然而，某些城市在君士坦丁一世统治时期成了主教所在地，得以维持以前的威望，而这些城市在随后的中世纪依旧保留了"主教城市"的头衔。

　　此外，在罗马帝国晚期的城市中，地方行政机构中没有贵族阶级，这也对城市发展造成了负面影响。如果想要获得公职，必须支付巨额费用（summae honorariae），而随之而来的社会威望的提高却无法弥补这笔开支。远离公共生活的贵族已经不再在城市中投资，他们更倾向于为娱乐性基础设施提供资金，或者在别墅中购入艺术品——这些别墅成了农村地区的"城市中心"。

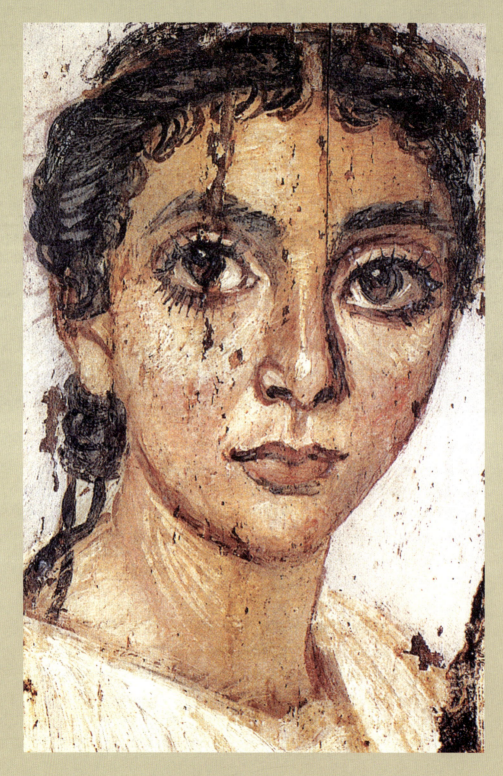

档案: 法尤姆肖像画

这些墓葬肖像画被发现于公元 1 世纪—公元 3 世纪的陵墓中，它们极具戏剧性的特征和充满现代性的现实主义风格让人着迷。

古埃及的遗产对后世的埃及艺术有着深远影响。这种别具一格的艺术传统在古罗马时期的埃及被保存下来，但毫无疑问这要归功于亚历山大城从公元前 331 年建成之后乃至整个希腊化时期就始终拥有的巨大文化吸引力，而且吸收了希腊–罗马文化传统。古埃及最大的影响力在于造型艺术领域，尤其是墓葬肖像画，它融合了希腊古典绘画、罗马现实主义艺术和古埃及宗教习俗。

现实主义与朴素特征

最著名、最令人叹为观止的古埃及墓葬肖像画被发现于法尤姆地区的陵墓中。梅地奈埃尔-法尤姆曾经名为"克罗科迪洛波利斯"（Crocodilopolis，意为"鳄鱼之城"），位于孟菲斯南部，距离梅里斯湖和尼罗河不远。由于当地特殊的气候，古罗马时期和科普特时期的众多绘画得以保存下来。

年轻女子肖像（第 142 页） 这幅肖像画属于古典风格，其所作年代大约为公元 2 世纪。现藏于巴黎卢浮宫。

法尤姆肖像画年表

2世纪
重要时期 法尤姆肖像画在安敦尼王朝时期发展到巅峰。

3世纪
抽象风格 肖像画的风格更加抽象和神秘，立体感减弱。

4世纪
末期 绘画技巧退步，法尤姆肖像艺术开始衰退。

16世纪
彼得罗·德拉瓦勒（Pietro Della Valle） 这位探险家最先把法尤姆肖像画带回欧洲。

1889 年—1890 年
威廉·马修·弗林德斯·皮特里（William Matthew Flinders Petrie） 这位英国考古学家在哈瓦拉和安提努波利斯（Antinoupolis）进行考古挖掘时发现了大量肖像画。

20世纪
收藏分散到全球 全世界的主要博物馆中都陈列有法尤姆肖像画。

女性葬礼面具 石膏面具来自法尤姆地区，可以追溯到公元 2 世纪。现藏于都灵埃及博物馆。

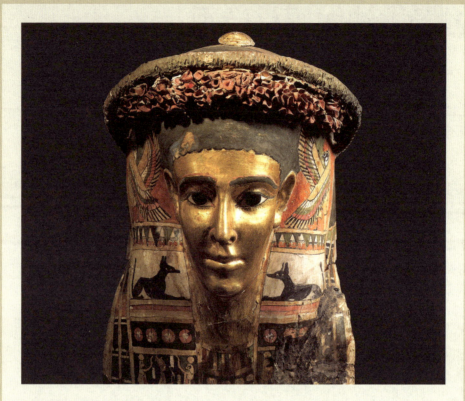

法尤姆木乃伊艺术

"木乃伊盒"（cartonnage）这个术语指的是从古埃及第一中间时期（la Première Période Intermédiaire，公元前 22 世纪—公元前 21 世纪）开始，尤其是第二十二王朝（约公元前 900 年）以来埃及木乃伊的包裹物。这个存放木乃伊的盒子由多层粉刷了灰浆的布料组成，而这些布料通常由亚麻或莎草纸纤维制成。人们首先将其润湿，然后使其成型，并借助树脂、橡胶将其贴在不规则的木乃伊表面。随后，人们用石膏覆盖在布料表面，再用丰富的材料进行绘画和装饰。木乃伊盒更省钱，也更容易制作和搬运，因此它逐渐取代了仿大理石的木制棺盖。法尤姆木乃伊肖像画的珍贵之处在于，它既展现了独特的古埃及艺术，也体现了与希腊-罗马艺术的关联。随着考古技术的发展，我们能够把肖像画和木乃伊分隔开来，它们在博物馆中就是这样分开陈列的，而我们只能自行想象它们最初合二为一的形态。除了与希腊-罗马艺术的关联之外，法尤姆肖像画的现实主义风格也与古埃及宗教传统有关。法尤姆木乃伊肖像画必须具有极强的现实感，才能让死者在前往冥界的路途中被辨认出来。

插图 法尤姆木乃伊肖像画，现为私人收藏。

19世纪末，考古学家在该地区发现了大约300幅古代墓葬肖像画。迄今为止，全球各地的博物馆中展出有大约900幅这种类型的肖像画。在王朝时期或许也包括希腊化时期，大部分埃及城市中应该都有这种木乃伊传统装饰肖像画，但其他地区没有任何发现。

肖像画以木板或者包裹木乃伊的布料为底材，绘制完成后被固定在木乃伊面孔的包裹布之下，只有肖像画露出，就像有框的画作一样。这是表达传统风俗的一种新艺术形式。

法尤姆肖像画的具体年代并不清楚。大量流传至今的肖像画没有确切的考古背景，无法追溯它们的绘制时期，而唯一的年代标记就是它们的艺术风格或者被描绘人物的首饰和发型。

奥古斯都时期（公元前1世纪）出现了许多绘画作坊。从哈德良统治时期开始，肖像画的年代标记更为准确，它们属于希腊化罗马时期的风格。学者认为，这种艺术的古典时期在公元2世纪的安敦尼王朝时期。

法尤姆肖像画有着典型的朴素特征，与这一时期（安敦尼王朝时期）的艺术明显不同：简单的线条也不能掩盖极为真实的面部表情，大大的眼睛瞬间就能吸引人们的注意力。这些肖像画描绘的全都是面部，甚至有些肖像画堪称杰作，其人物的心理特征呼之欲出，充满了戏剧张力，面部栩栩如生，目光直击人心。

肖像画通常描绘的是男子或年轻女子，他们常常有着忧伤甚至痛苦的表情。有些评论家认为，这种表情诠释了人物在病中或者弥留之际所承受的痛苦。还有一些评论家认为，这些肖像画将人物理想化了，它们呈现的人物处于最好的人生阶段，表达了对人物逝去的青春的怀念和对往日的回忆。对于画中人物为何是青春面貌有两种解释，但很难说哪一种更有说服力：或许这是成批生产的肖像画，与死者的真实面貌并无关联，死者之所以佩戴珠宝只是出于象征意义；或许这些肖像画在死者年轻时就已绘制完成，而在死时被再次派上了用场。

一种延续了几百年的风格

　　法尤姆肖像画的人物面孔具有现实主义风格，眼睛和目光有着举足轻重的地位，这些特点都引起了后世专家的浓厚兴趣。在对下面六幅肖像画进行对比之后，我们可以发现它们的风格高度统一，但表情又各不相同，令人赞叹。这也是法尤姆肖像画最令人着迷的特点之一。

戴桂冠的男子　眼睛和胡须的描绘非常细致。安敦尼王朝（公元150年—公元180年）时期的作品，现藏于洛杉矶让·保罗·盖蒂博物馆。

古典时期的女子　这位眼神阴郁的女子佩戴着金项链，她仿佛在凝视着观众。公元150年—公元180年间的作品，现为私人收藏。

欧洲女子　这幅公元160年的肖像画人物脸色苍白，有着年轻的面孔，大眼睛望向右方。现藏于巴黎卢浮宫。

公元3世纪的男子　绘画风格朝着某种简单化和扁平化方向发展。现藏于洛杉矶让·保罗·盖蒂博物馆。

女子头像　在这幅公元3世纪中叶的肖像画中，女子佩戴着珠宝，发型精致考究。现藏于纽约大都会艺术博物馆。

身穿长衣的男子　这位男子表情忧郁，身穿一件朴素的罗马长衣。这幅肖像画的创作时代为公元3世纪，现藏于布鲁塞尔皇家历史艺术博物馆。

风格的变化

随着时代发展，法尤姆肖像画也在适应不同时代的艺术表达方式，尤其是在公元3世纪末和公元4世纪初。它们在古典时期的典型特征并未被抛弃，但立体感逐渐消失，近距离感被强化。

与此同时，我们也可以发现人物外形逐渐抽象化，色彩对比愈加明显，眼神逐渐僵化。到了公元4世纪末，面部的现实主义感增强，同时这种艺术也开始走向衰落。肖像画的人物表情不如以前丰富，线条特征更加明显，整体更加刻板化、简单化；色彩变得暗淡，常常是直接涂抹上去的，没有经过提前混合；用水进行稀释的水彩式绘画成为主流，这也证明了绘画技巧的退步。

公元4世纪末，法尤姆肖像画突然消失，但经济或者艺术品位的改变并非主要原因，它的快速衰落主要是这一时期基督教仪式在埃及地区的扩张所带来的压力造成的。

从艺术角度来看，这些肖像画与拜占庭圣像绘画风格（其中一些是精美的马赛克镶嵌画）有着明显的关联，尤其是西奈半岛和拉文纳的圣像。同时，法尤姆肖像画和现代西方现实主义肖像画之间也有着令人震惊的相似之处。

书吏

塔巴卡发现的罗马塔布拉卡马赛克镶嵌画一页，这里还发现了宏伟的基督教墓地。现藏于突尼斯巴尔多博物馆。

插图（右侧）公元 4 世纪早期的基督教石棺细部，描绘了基督教的洗礼仪式。现藏于罗马文明博物馆。

文化的转变

公元 3 世纪—公元 5 世纪，文化环境的转变是罗马帝国晚期最重要的现象之一。人们在遵循希腊-罗马古典传统的同时，新的文化、文学和哲学形式也随之出现，并逐渐在普通民众中扩散开来。这是一个被称为"文化大众化"的普及进程。

身处这个混乱的时代，人们充分意识到这是一个"痛苦的转变时期"。这种观念在基督徒和异教徒群体中非常流行，圣奥古斯丁在公元 5 世纪初以理论的形式将其写进了《上帝之城》里。即便如此，某些思想家在自己的历史分析中依旧保留着复兴的希望。

奥利金（Origène，又译为俄利根）和亚历山大的革利免（Clément d'Ale-xandrie）渴望借助基督教新价值观念让罗马帝国重获新生。他们和同时代的其他理论家一样成了一场具有决定意义的文化运动的先驱，即基督教思想和古典文

普罗提诺：太一体系和本体

普罗提诺（Plotin，公元 205 年—公元 270 年）是亚历山大的阿蒙尼奥斯·萨卡斯（Ammonios Saccas）的学生，或许也是奥利金和赫伦尼乌斯的学生，被视为一位神秘的新柏拉图主义者，并在公元 254 年开始撰写的《九章集》（Ennéades）中创立了新的古典形而上学思想。

普罗提诺的核心思想是他的"三大本体"（les hypostases）理论，即太一（l'Un）、心智（"奴斯"，希腊语 Nous，心灵）和灵魂。与基督教的"三位一体"理论不同的是，普罗提诺的"三大本体"的价值并不相同：太一高于心智，心智掌管灵魂。灵魂与可感世界有联系，可感世界是灵魂的创造之一，灵魂是可感世界的原则。理性的权威并未被排除在外，但它的存在前提是一种存在于"出神入化"（extase）之中且能够将意识提高至太一层次的高级官能。普罗提诺提出的神秘主义对基督教会产生了深远影响。

插图 "普罗提诺的石棺"，这个名字源自石棺上的浅浮雕，它展现的是一位老师和学生进行哲学讨论的场景。现藏于罗马梵蒂冈博物馆。

"蛮族"囚犯雕塑

对罗马人而言，"蛮族"是外来者以及文化层面不属于罗马帝国的所有人。虽然罗马和聚集在帝国边境的民族时常兵戎相见，但双方的文化交流非常频繁。"蛮族"逐渐罗马化，罗马人则吸收了"蛮族"的习俗，尤其在军事技术和政治象征领域。这尊雕塑的材质为红色斑岩和大理石。

化的融合，而这也成为西方文明的基础。随着加洛林帝国（加洛林王朝）的建立，中世纪时西方对恢复罗马帝国的渴望达到了顶峰。

此外，异教徒的某些派系也从未放弃过罗马帝国可能复兴的想法。"帝国重生"（regeneratio imperii）或"帝国复兴"（restitutio imperii）的概念最能表达这种渴望，同时也被基督教思想家所接受。为了让这种渴望成为现实，异教徒付出了巨大努力，试图恢复希腊化时期的哲学思辨传统，尤其是柏拉图学派的思想。在随后的几个世纪里，新柏拉图学派的影响逐渐扩散开来。

　　那么，公元3世纪的危机引起的转变所催生的文化表达新形式有哪些呢？首先，我们必须对古代世界的物质、文化和日常空间进行重新定义，莱茵河和多瑙河边境等曾被边缘化的地区就开始变得重要起来。

　　因此，拉丁（罗马）世界和希腊（hellénistique，指希腊化）世界也受到了外界影响，并吸收了日耳曼民族和伊朗文明的文化元素。这些民族的遗产造成了深远的社会影响，如骑兵部队。

　　在政治领域，尤为引人注意的是这一时期出现了关于君主制的学术争论。君士坦丁一世采用了对后世影响极深的"君权神授"原则，并为这个问题画上了句号。从宗教角度来看，基督教被承认为官方宗教并带来了灵修的大发展，而与此同时以善与恶、物质与精神的区分为基础的二元世界观也为人所接受。

精神生活

哲学家对道德和宗教问题的兴趣越来越浓厚，纯思辨类型的问题受到冷落。在雅典以及受雅典影响的地区，传统哲学继续繁荣，但希腊化传统逐渐被边缘化，并被一种深受时局动荡影响的实用哲学所取代。

在很多情况下，哲学朝着神智学（la théosophie，一种宗教哲学和神秘主义学说）和神通术（la théurgie，一种宗教仪式行为，常与巫术、魔法有关，用来召唤神明出现在仪式现场，其在新柏拉图主义 [le néoplatonisme] 中占有重要地位）发展。斯多葛主义（le stoïcisme）和怀疑主义（le scepticisme）也发生了变化，但它们的发展似乎不太引人关注，如亚述的琉善（Lucien de Samosate）和哲人皇帝马可·奥勒留的悲观存在主义立场。

新柏拉图主义常常被视为古代最后一次重要的哲学运动，它的出现和传播是对斯多葛派"怀疑论"的回应。这种流派综合了传统柏拉图主义（platoniciens）和亚里士多德学说（aristotélicien）的要素，同时也受到斯多葛主义和新毕达哥拉斯主义（le néopythagorisme）的影响。普罗提诺是重要的新柏拉图主义理论家，他在罗马开设了学校。普罗提诺的学生波菲利（Porphy，公元234年—公元305年）整理了他的思想，并将其哲学理论系统化。

新柏拉图主义认为灵魂比身体更重要，让哲学与神秘主义、理性和非理性趋同。这种悖论能够对传统宗教做出许多充满寓意的解释，也让新柏拉图主义成为异教的重要支柱，后来这种悖论也被中世纪基督教思想所吸收。

古典的语法学、语文学和修辞学继续蓬勃发展，希腊语法学家亚历山大的赫菲斯蒂翁（Héphestion d'Alexandrie）的著作便是例证。然而，文化的传播和大众化也导致一些新文体规则出现。文学集的传播让德摩斯梯尼（Démosthène）和

异端教义与幸存的异教信仰

在公元后的最初几个世纪里，基督教义和异端教义逐渐形成。基督教会被视为"上帝的肉身"，异端教义的捍卫者遭到它的排斥。

在公元1世纪—公元5世纪之间，除了阿里乌斯教派以外，还出现了嗣子派（l'adoptianisme，基督是上帝的嗣子，二者是收养与被收养的关系）、基督幻影派（le docétisme，基督是完全的神，他的人身只是假象）、聂斯托利派（基督的神性和人性不是结合于一位，而是分为二位）、摩尼教派（不存在唯一的造物上帝，存在善、恶二神）和其他异端教义。对基督教会而言，这是一个充满颠覆的时期，新生的东正教会试图凌驾于其他异端信仰之上。此外，基督教会不得不与传统异教、秘密宗教（如对库伯勒和密特拉的崇拜）共存，宽容的社会环境让它们幸存下来，如在公元4世纪末之前异教信仰未被禁止。狄奥多西一世终结了这一局面，禁止异教信仰以任何公共或私人的形式出现，然而信仰自由并未受到威胁。

插图 罗马拉特朗圣格肋孟圣殿地下室的密特拉神殿。

柏拉图等学者的作品重回大众视野并得到重新解读，如纳奥克拉提斯的阿忒纳乌斯（Athénée de Naucratis）和塞索里努斯（Censorin）的文学选编等。

在这样的文化传播背景下，有些科学思考的光芒便被掩盖了，因此我们能够了解到的只有少数重要学者，如数学家亚历山大的丢番图（Diophante d'Alexandrie），他是代数学的创始人之一。

历史研究也受到愈加专制的皇权的严重影响，它对传记的兴趣越来越浓厚（如马里乌斯·马克西穆斯 [Marius Maximus] 的传记作品）。传统历史经典也没有被皇权遗忘，如来自比提尼亚（Bithynie）的狄奥·卡西乌斯（Dion Cassius）的《罗马史》（Histoire Romaine），来自小亚细亚的赫罗提安（Hérodien）的《罗马皇帝史》（Histoire des empereurs romains）和希腊人德克西普斯（Dexippe）的《编年史》（Chronique）等。

这一时期，最受欢迎的历史人物毫无疑问是亚历山大大帝（Alexandre le Grand），他用希腊语写成的《亚历山大传奇》（Roman d'Alexandre）的灵感便来源于他自己的丰功伟绩，而这部作品在中世纪时的拉丁语版本取得了巨大成功且影响深远。这部著作使用了戏剧化的叙事方式，文体风格非常丰富，把亚历山大描绘成了一个勇敢与美德兼备的君主。如此一来，融合了历史与传说的《亚历山大传奇》就成了一种深刻影响文学发展的艺术体裁的源头，中世纪非常流行的亚瑟王（Arthur）主题便是它的直接继承者。

在许多学者看来，希腊-罗马传奇的传播是这一时期最值得关注的文学现象。在其他文学体裁发生转变的时刻，主要在城市地区传播的传奇成为一种逃避令人担忧的现实的方式，而传奇作品融合了冒险和爱情故事——主人公历经千难万险最终找到爱人。这种文学形式取得了巨大成功，埃梅萨的赫利奥多鲁斯（Héliodore d'Émèse）、朗格斯（Longus）、阿基琉斯·塔提奥斯（Achille Tatius）和以弗所的色诺芬（Xénophon d'Éphèse）的传奇都可以归为此类。

除了传奇以外，宗教和魔法故事也非常流行，如雅典的斐罗斯屈拉特（Philo-

strate d'Athènes）所著的《亚波罗琉斯传》（*La Vie d'Apollonios de Tyane*，尼禄时代一位著名魔法师的传记）和阿普列乌斯（Apulée de Madaure）的《变形记》（*Les Métamorphoses*，又名《金驴记》，以小说的形式展现了伊西斯崇拜的主题）。

或许是由于不安全感和社会政治动乱的影响，这一时期最重要的文化和思想潮流之一是一种集体想象的诞生，它融合了哲学思辨、精神分析和宗教体验。人们认为，只要融合了所有这些元素，就有

拉丁大道的地下墓穴

这幅公元4世纪的壁画描绘的是赫拉克勒斯（Hercule）拯救身在地狱的阿尔西斯特（Alceste）的场景：英雄赫拉克勒斯牵着三头地狱犬刻耳柏洛斯（Cerbère），面对着威严的冥王普路同（Pluton）。拉丁大道是主要的罗马大道之一，与卡西利努姆（Casilinum）的阿比亚大道交会。拉丁大道的地下墓穴是罗马和早期基督教艺术最重要的代表之一。

罗马帝国的教育：
老师与学生

罗马帝国的学校教育分为三个阶段。学生在7岁时进入学校，开始第一阶段的学习，负责管教的是小学老师（primus magister）或游戏老师（ludi magister）。学生在学校里学习阅读、写作和算术基础，老师手拿木制戒尺和皮鞭来管理课堂秩序。到了11岁或12岁时，富裕家庭的男孩来到行省大城市接受高级教育，他们先后跟随语法老师（grammaticus）和修辞学老师学习。在这一阶段的教育中，学生要学习阅读拉丁语或希腊语文章中的句子和诗句，而这些文本中没有标点符号，单词之间没有空格。15岁或16岁的学生，与修辞学老师学习雄辩术或演讲术。算术的学习局限于基本的四则运算。在父权社会中，很少有女子接受这三个阶段的教育，她们被要求操持家务即可。

插图 公元4世纪的浅浮雕上的老师与学生，现藏于罗马卡比托利欧博物馆。

学生的学习工具 墨水瓶和铁笔，现藏于罗马国家博物馆。

蜡板——书写载体

在刚开始学习时，学生要使用金属或木制的笔或锥子在蜡版（tabella cerae）上抄写单词。这种载体的实用性略差，因为字母无法被擦去。

这幅肖像画描绘的是手拿铁笔和蜡版的女诗人萨福（Sapho），发现于庞贝古城（现藏于那不勒斯考古博物馆）。由于莎草纸和羊皮纸的价格太贵，因此古罗马的学生并不使用芦苇秆或羽毛笔蘸墨在莎草纸或羊皮纸上书写。

阅读始终是以朗读的形式进行，模仿、重复和背诵是主要的教学方法。学生们把学习材料放进一个有盖子的木盒后用皮带拎着，由于他们要在学校里待一整天，所以他们的食物也放在木盒里。男孩子在16岁之前身穿紫边托加，那是一种边缘镶着紫红色条纹的白色托加长袍。

❶ 阅读 在这项重要的练习中，老师阅读文章，学生跟读同一段落，并记录老师的讲解。

❸ 修辞学老师 他们通常来自亚历山大、雅典、罗德岛或帕加马，这些城市中生活着许多文人和哲学家。

❷ 书本 古希腊语和语法的讲解使用的是荷马（Homère）的作品，拉丁语使用的是维吉尔（Virgile）和提图斯·李维（Tite Live）的作品。

❹ 大学生 修辞学课程通常是罗马帝国法官、议员和高级官员之子的特权。

罗马教会的经典：武加大译本，第一部拉丁语《圣经》

《圣经》共有73卷，前46卷为《旧约》，后27卷为《新约》。公元前3世纪的《旧约圣经》希腊语译本（Septante）是希伯来语《圣经》的第一个翻译版本，直到几个世纪之后，武加大译本（Vulgate，通俗拉丁语版）才出现。

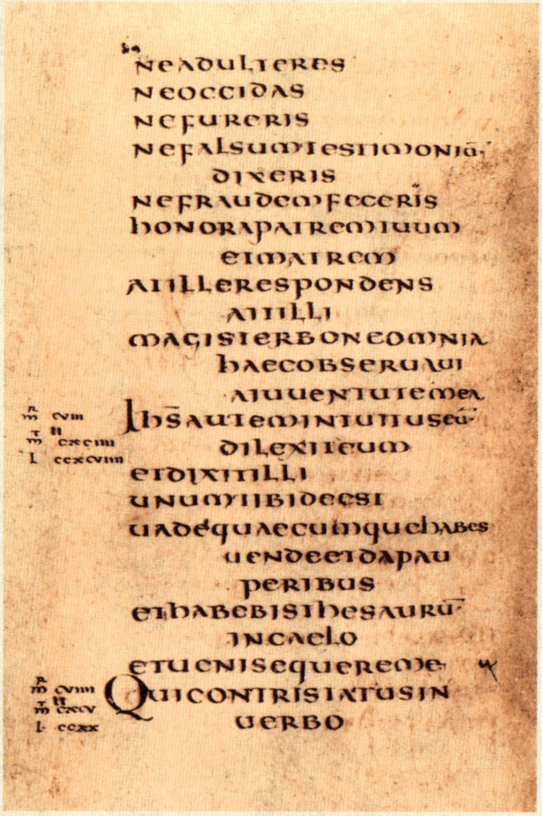

希腊拉丁语语法学家斯特利同的哲罗姆（Jérôme de Stridon，公元347年—公元420年）曾经在叙利亚沙漠中隐居多年，后接受教皇达玛苏一世（Damase Ier）的委托，参照希伯来语原版和希腊语译本将《圣经》译成拉丁语。犹太教把希伯来语作为传播神祇的唯一载体，但是在福音书中基督鼓励弟子用皈依者的通俗语言来传播律法（《旧约》）和话语（《新约》）。在随后的一千多年里，虽然拉丁语的使用局限于学者领域，但《圣经》武加大译本却始终是西方世界最重要的《圣经》版本。1450年，古腾堡（Gutenberg）印刷的第一部书就是《圣经》武加大译本，但这部罗马教会的经典在新教改革期间受到质疑。1521年，路德（Luther）将《圣经》武加大译本译为德语。1545年，特利腾大公会议捍卫了武加大译本，拒绝了路德的修订，但允许对《圣经》进行新研究以及对各译本进行更新。文艺复兴时期，人文主义进行了深入思考，主张回归希腊语文本，后来又倡导回归阿拉姆语和希伯来语文本。

插图 16世纪中期路德的《圣经》武加大译本索引。

可能接触到神灵或者存在于人间与神界之间的诸多媒介力量。因此，斯诺底主义（le gnosticisme，或灵智派）快速发展起来。

一股宗教狂热

得益于宽松的氛围和东西方的文化交流，一些新的灵修方式出现了，它们综合了哲学、宗教和形而上学的各种思想。赫密斯·特里斯密吉斯托斯（Hermès Trismégiste）的《赫密斯文集》（*Hermetica*）是这股潮流的代表，他在这部作品中介绍了自己的思考。这些融合各种学说的潮流特别推崇把魔法实践（这始终是传统宗教的核心）和梦境占卜（l'oniromancie）作为获得神灵启示的工具，把天文学视为了解真实世界的手段。它们深受当时宗教习俗（基督教、犹太教或异教）的影响，鼓励发展神秘主义信仰和各种各样的地方仪式传统，这与基督教的普世主义（l'universalisme）是相反的。

在这种背景下，摩尼教取得了很大发展。它的创立者是波斯人摩尼（Mani，公元 216 年—公元 277 年），其本源是波斯二元论（dualisme perse，即波斯祆教，俗称拜火教）、斯诺底主义和基督教义的混合体。这种信仰在波斯君主的庇护下得以传播，因为这些君主认为摩尼教和其他异端学说一样，是一种能够凸显出他们与罗马帝国的不同之处的文化和宗教元素。

面对这一系列的灵修实践，传统的希腊-罗马宗教就像一种掩盖宗教感情缺失的障眼法，它们的庙宇和仪式都受到政府的严密监控和限制。希腊-罗马宗教所表达的最多是一种公民对国家的忠诚，几乎没有什么灵修内容。

如此一来，我们可以更好地理解为何基督教（它传达的是关于救赎的普世启示，试图根据预定论来解释人的存在和宇宙环境）能够逐渐在罗马帝国扎根，同时也能和残旧的本土异教传统共存。基督教主要存在于城市地区，农村世界则是异教信仰的最后据点。

宗教的繁荣发展，是希腊-罗马文化失去霸主地位的最明显的表现之一。于是，一种更加开放、更加包容的文明发展起来，以前被边缘化的文化传统和社会团体也对这种兼容并蓄的文明产生了影响。

古希腊遗产与基督教文化

在这个社会变迁和文化融合的时代，罗马帝国的政治逐渐解体，新的文化形式却越来越丰富。宗教信仰和学说越来越分散，越来越主观，而与此同时基督教在罗马帝国晚期的地位不断上升。

罗马帝国晚期的文化在保存希腊-罗马文化价值观与融合基督教新价值观之间游移，二者不断同化与融合，形成了古代晚期留给西方文化（公元4世纪开始成形）最重要的遗产。

毫无疑问，基督教思想家竭尽所能让新生的基督教价值观与希腊-罗马世界的价值观相容，对继承希腊-罗马遗产的社会所提出的疑问和要求做出回应。如此一来，最早的基督教辩护者成功说服民众，使其相信基督教是保留和传播希腊-罗马文化的最佳保障。因此，公元4世纪也成为基督教思想一枝独秀、地位得以确立的世纪。

沿袭自古典时期和古希腊派代亚思想（paideia）的教育体制也是希腊-罗马文化的体现，罗马帝国晚期的学校教育以初级阶段的语法学习和高级阶段的修辞学为基础。

修辞学包括对重要文学作品的阅读和模仿，这些作品因其风格和理论内容而成为经典。教学时，通过对这些"模范"著作进行注解和阐释，再根据当时的时代背景进行研究和评论。这种教学方法逐渐被基督徒和异教徒所吸收，对他们的精神教育和文化包容性都产生了影响。

基督教思想家从这种教育中获得灵感，让基督教义与希腊-罗马文化相适应。他们采用了语文学的技巧和哲学的手段对宗教文本进行注解，分析和解决神学领域的争议。出生在西班牙的罗马诗人尤文库斯（Juvencus）根据福音书编写了一部与耶

稣基督生平有关的基督教史诗（Evangeliorum libri quattuor，"福音四书"），想要使其与荷马（Homère）和维吉尔的不朽名著媲美。其他基督教学者使用基督预言中寓意深远的话语，重新阐释了维吉尔的名作《牧歌》（Bucoliques）。

然而，异教古典主义和基督教文学在历史研究领域却出现了分歧。古典学者试图在历史著作中重现罗马帝国的光辉历史，但基督教学者却着重介绍基督教和教会不可逆转的胜利。

历史纲要和史书简编是具有代表性的异教著作，而且它们经常能得到皇帝本人的支持。尤特罗庇乌斯

图尔的圣马丁

这幅公元6世纪的拜占庭马赛克镶嵌画位于拉文纳的新圣阿波利奈尔教堂，描绘的是图尔主教马丁和一群殉教者。图尔主教马丁是罗马天主教会和东正教会中最受人尊敬的圣人之一。根据传说，公元4世纪中叶，还是罗马军队士兵的马丁在路过亚眠时将自己的披风割下一半送给快要冻死的乞丐，而另一半则归罗马军队所有。

（Eutrope）的《罗马国史大纲》（*Bréviaire*）、佚名作者的《奥古斯都史》（*Histoire Auguste*）、元老院议员尼科马库斯·弗拉维安努斯（Nicomaque Flavien）的《年鉴》（*Annales*），以及费斯图斯（Festus）、阿米亚努斯·马尔塞林努斯（Ammien Marcellin）和尤纳皮乌斯（Eunape）的作品等都广为流传。基督教的史学代表作品还包括作家、护教者拉克坦提乌斯（Lactance）的《论迫害者之死》（*Sur la mort des persé-cuteurs*），以及凯撒利亚的尤西比乌的著作（《教会史》、《君士坦丁传》[*Vie de Constantin*]）。

在公元 4 世纪，另一种专属于基督教的文学体裁也取得了快速发展，并有着重要的历史影响，即对《圣经》的分析和阐释。这种文学体裁使用了古典哲学手段和传统诡辩教育中的辩证法，代表人物通常是著名的神学家，后来他们被称为"教会圣师"（Pères de l'Église）。

阐释《圣经》，首先要进行大量的翻译工作。这项工作主要是由圣哲罗姆完成的，他使用的是传统的希腊化时代的语文学方法，而值得一提的是他也是一位《圣经》评注家。柏拉图哲学为尚处于初始阶段的基督教神学提供了一种开展研究的方法和语言形式。一些重要的教会圣师，尤其是东部地区的教会圣师，对这种方法和语言形式进行了重新加工，用新词汇丰富了古典语言。辩证法则以一种必不可少的工具，应对异教和异端教义提出的争议。

古代晚期成果最丰硕的教义辩护活动源自公元 4 世纪基督教会的重要人物，除了前面提到的凯撒利亚的尤西比乌，亚历山大的阿塔纳修、凯撒利亚的巴西流（Basile de Césarée）、纳西昂的格列高利以及神学家尼撒的格列高利（Grégoire de Nysse）和约翰·克里索斯多姆（Jean Chrysostome）都有着重要的影响力。他们为基督教的结构组织和修道制度的巩固做出了贡献，为了捍卫正统教义而不知疲倦地斗争，消除了新出现的"三位一体"异端教义的威胁。同时，普瓦提埃的希拉流、米兰的安波罗修、希波纳的奥古斯丁和斯特里同的哲罗姆等学者更是巩固了拉丁教会圣师团体的力量。

随着这种学术文化的规模不断扩大，基督教试图借助文化普及创造的有利氛围向普通民众阶层传播。为此，基督教学者们选择了更简单、更直接的语言和通俗的表达方式——他们使用了古叙利亚语、亚美尼亚语、哥特语或科普特语等地方语言，这些都是罗马世界周边地区的农民所讲的语言。因此，大众文化形式开始出现，并融合了不同社会阶层或新的地方民众。

越台伯河的圣母大殿

这是罗马最古老的大教堂之一，是公元 3 世纪的教皇卡利克斯特一世（Calixte Ier）所建。教堂的半圆形后殿装饰着 13 世纪的马赛克镶嵌画，描绘了圣母玛利亚一生中的主要事件。

插图（右侧） 代表基督姓名的铜制凯乐符号，并装饰有 Α 和 ω 这两个字母。现藏于维也纳艺术史博物馆。

基督教与罗马帝国

基督教在罗马帝国晚期社会的快速传播是一个重大历史事件。基督教虽然经历过多次迫害浪潮，但它逐渐崛起、扩张和巩固，并成为罗马帝国的国教。即便在罗马帝国灭亡之后，基督教对后世也仍然有着深远的影响。无论是在东方还是西方，基督教义都成为中世纪社会的基础之一。

基督教诞生伊始，俗权与教权的关系和权力分配就是教会所关注的核心问题。虽然基督教与罗马帝国的机构融为一体，但它很清楚自己必须超越这些机构。这种矛盾特征导致罗马皇帝下令对基督徒进行残酷迫害，但最终承认基督教为国教。

在公元 3 世纪上半叶塞维鲁王朝统治时期，基督教经历了一段和平时期，但在该王朝初期依然出现了严重的紧张局势。公元 202 年，塞普蒂米乌斯·塞维鲁颁布

帝国转型：关键日期

基督教的扩张

在公元 150 年—公元 250 年间，基督教从一个不起眼的小教派发展壮大为基督教会，并即将成为罗马帝国社会文化生活中不可或缺的机构。

比提尼亚总督小普林尼（Pline le Jeune）在写给皇帝图拉真的一封信中，描写了公元 1 世纪末在东部地区根深蒂固的基督教，以及基督教徒遍布各个年龄层和社会阶层。小普林尼还写道："这种'传染病'不仅感染城市，也蔓延到农村地区。"耶路撒冷、大马士革、安条克、亚历山大、昔兰尼和希波纳都是基督教早期传教的城市，并随后在公元 3 世纪末传到了意大利、高卢和西班牙。在近东地区、小亚细亚和埃及，基督教社群数量最多；除了罗马、拉丁姆地区和西西里岛，基督教徒在西部尚属少数群体。在希腊（科林斯、塞萨洛尼卡、菲利普斯）和阿纳托利亚（尼科米底亚、帕加马、以弗所、安卡拉和尼西亚），基督教社群在逐渐形成。

敕令，禁止民众皈依犹太教和基督教。迫害随之而来，亚历山大和迦太基出现了大量受害者，如著名的殉道者佩蓓图（Perpétue）和斐丽西达（Félicité），她们在遭受酷刑折磨之后从容赴死。佩蓓图为了信仰毫不妥协的精神，鼓舞了公元 3 世纪非洲地区众多殉道者。

塞普蒂米乌斯·塞维鲁的继承者们对基督教的态度更加宽容，而且某些皇室成员开始对基督教产生兴趣，如皇帝亚历山大·塞维鲁的祖母尤利娅·玛伊莎（Julia Mamea）。公元 3 世纪中叶，阿拉伯人菲利普对基督教徒的态度更加友善，甚至出现了他皈依基督教的传说。

然而，基督教会和罗马帝国能够保持友好关系似乎

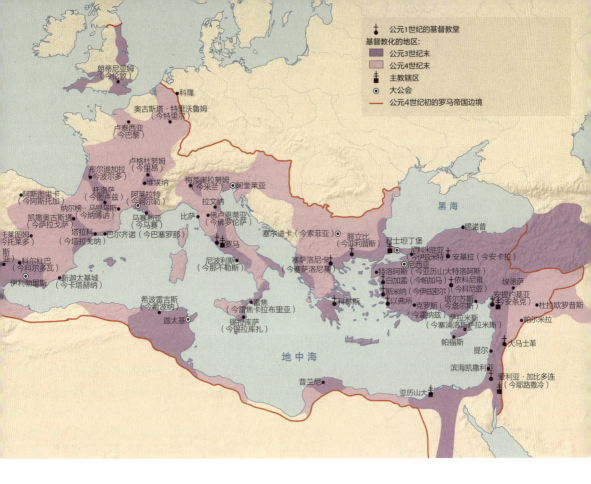

朗蒂尼亚姆（今伦敦）

科隆

奥古斯塔·特里沃鲁姆（今特里尔）

卢泰西亚（今巴黎）

卢格杜努姆（今里昂）

梅蒂奥拉努姆（今米兰）

阿奎莱亚

布尔迪加拉（今波尔多）

维埃纳

拉文纳

黑海

拉洛萨（今图卢兹）

阿莱拉特（今阿尔勒）

佛卢恩蒂亚（今佛罗伦萨）

锡诺普

纳尔榜·马提乌斯（今纳博讷）

马赛利亚（今马赛）

比萨

塞尔迪卡（今索菲亚）

腓立比（今菲利普斯）

君士坦丁堡

阿米索斯

尼科米底亚

伊兹米科特 安基拉（今安卡拉）

凯撒奥古斯塔（今萨拉戈萨）

塔拉科（今塔拉戈纳）

巴尔齐诺（今巴塞罗那）

罗马

尼科西亚

埃德萨

毛莱图姆（今托莱多）

科尔杜巴（今科尔多瓦）

尼波利斯（今那不勒斯）

塞萨洛尼卡（今塞萨洛尼基）

特洛阿斯

白加孟（今帕加马）

依科尼雍

安提约基亚（今安泰克）

杜拉欧罗普斯

伊利勃里斯

新迦太基城（今卡塔赫纳）

科林斯

斯米纳（今伊兹密尔）

克塞纳兹（今塞纳洛兹）

塔尔苏斯（今塔尔斯）

萨拉米斯（今塞浦洛斯萨拉米斯）

帕尔米拉

希波雷吉斯（今希波）

达太萨

雷焦

锡拉库萨（今锡拉库扎）

帕福斯

提尔

大马士革

以弗所

迦太基

滨海凯撒利亚

爱利亚·加比多连（今耶路撒冷）

地中海

昔兰尼

亚历山大

只是一种幻想。公元3世纪下半叶，再次出现了宗教迫害浪潮，其极端和残酷史无前例，大量基督教徒成为受害者。

公元3世纪中期，罗马帝国经历了严重的危机，甚至面临存亡威胁。统治者对帝国解体充满恐惧，有些皇帝和大臣把基督教视为强大的反对力量，认为它威胁到了罗马帝国的统一和威严，因而采取了极端措施。在皇帝的直接鼓励下，这次迫害浪潮波及的范围更广、更具系统性。

迫害浪潮

阿拉伯人菲利普的继任者德基乌斯颁布敕令，鼓励罗马帝国所有居民为众神献祭。为了证明自己参加了献祭，所有公民必须出具一份证明文书（libellus）。然而，基督教会领导者号召基督教徒明确拒绝献祭，认为这是一种正式的背教行为。

这份敕令让很多基督教徒措手不及。在之前的迫害结束后，基督教徒迎来了几十年的平静时期，人数更多，也更加公开。因此，许多基督徒要么完成献祭，要么购买一份证明文书而实际上并没有参与祭祀活动，背教者的数量大量增加。

基督教的发展进入了低潮期。几年之后，皇帝瓦莱里安掀起了新的迫害浪潮（公元 257 年—公元 259 年）。这次迫害更加残暴，并把神职人员作为主要目标，以提高迫害的有效性。瓦莱里安禁止一切形式的基督教仪式，要求主教、教士和执事为众神献祭，否则将被处死。信奉基督教的议员和骑士（equites）遭到贬黜，资产被充公。公职人员中的基督教徒被免去职务，被迫放弃信仰，否则财产充公并被判处苦役。

从权力的角度来看，德基乌斯的献祭敕令表明基督教在罗马社会已经根深蒂固，而这一现象令统治者十分担忧。瓦莱里安决定打击基督教的组织形式，他的目标既有不同级别的神职人员，还包括有可能用于宗教仪式的建筑、物品和书籍。这一次，基督教徒的抵抗更加明显。迫害浪潮席卷了帝国所有行省，罗马教皇西科斯特二世（Sixte Ⅱ）和执事洛伦佐（Laurent），以及身在非洲、声名远扬的迦太基的居普良（Cyprien de Carthage），西班牙深受民众欢迎的塔拉戈纳的弗鲁克图奥修斯（Fructueux de Tarrgone）等人都成为受害者。

瓦莱里安的儿子和继承人加里恩努斯暂停了一切迫害基督徒的措施，允许被没收的教堂和宗教场所重新开放，但这段宗教宽容时期只持续了四十多年。戴克里先掌权之后（公元 284 年—公元 305 年），再一次掀起了迫害浪潮，其残酷程度和范围之广都史无前例。

异教大臣让戴克里先相信基督教是罗马复兴大业和传统宗教传播的障碍，必须将其彻底消灭。公元 303 年，军队内部掀起了清洗运动，宗教迫害的残酷达到无以复加的程度，基督教仪式被彻底禁止，信徒的民事权利被剥夺。

这次大规模迫害浪潮的特点不在于官方禁令（大部分禁令都是现行法律的结果），而是随之而来的暴力。在罗马帝国东部，宗教迫害是有计划、有组织的；在西部，只有高卢和不列颠得以幸免，因为统治这些地区的恺撒君士坦提乌斯个人对基督教的态度比较友好。这次迫害中的殉道者数量众多，最有名的殉道者包括阿涅斯（Agnès）、达米安（Damien）和塞巴斯蒂安（Sébastien）等。西班牙地区

基督教会在西部地区的组织结构

　　罗马成为西部地区的教会都城主要因为三件大事：公元 **330** 年，帝国新都城君士坦丁堡建成；公元 **382** 年，格拉提安放弃大祭司之职；公元 **380** 年，颁布《塞萨洛尼卡敕令》。

　　在戴克里先大规模迫害基督教徒之后，成为罗马皇帝的伽列里乌斯颁布了宗教宽容敕令，允许罗马基督教会"集会"。因此，罗马成了西部最高宗教权威所在地，确立了圣彼得（Pierre）的首席使徒地位。基督教会采用了和罗马帝国行政体系相同的结构。公元 5 世纪，罗马帝国分为 120 个行省，教会便指定了 120 个"主教城市"。主教城市中的主教是该行省中最高级别的教会人物，对其他主教享有权威，能够为新主教祝圣（一种宗教仪式），并主持行省大公会议。根据公元 325 年第一届大公会议（尼西亚）的规定，该会议每两年召开一次。大公会议承认罗马、亚历山大和安条克的优先地位。

　　插图　"好牧人"（耶稣），拉文纳加拉·普拉西提阿陵墓中的马赛克镶嵌画（公元 5 世纪）。

的受害者数量或许是最多的，其中包括执事文森特（Vincent）、梅里达的尤拉莉亚（Eulalie de Mérida）以及萨拉戈萨地区的十八位殉道者。

公元305年，戴克里先和马克西米安退位，宗教迫害又持续了几年，但基督教会最终恢复过来，尤其是在罗马帝国东部地区。基督教和异教之间在罗马的斗争持续了三个世纪，但当时没有人想到这些迫害是这场斗争的尾声。

古代世界皈依基督教

在戴克里先执政时期，恺撒伽列里乌斯是镇压基督教徒的主要负责人，而他也是第一个公开承认这项政策失败并吸取教训的皇帝。戴克里先退位后，伽列里乌斯成为罗马帝国的最高领导者。公元311年，就在伽列里乌斯去世前不久，他在塞尔迪卡颁布了一项修正宗教政策的敕令。

这项敕令承认了基督教的合法地位，允许举行宗教集会和活动，但前提是不影响公共秩序。这是一次重大转变，基督教第一次成为罗马帝国允许的官方宗教，不再被视为非法教派。

伽列里乌斯从法律层面允许基督教存在之后，罗马帝国颁布了一系列让基督教徒的存在和活动合法化的法律条文。公元313年左右，君士坦丁在米尔维安桥战役击败马克森提乌斯之后，颁布了一项促进宗教信仰自由的法令。

这项新政策是君士坦丁和李锡尼在米兰共同制定的，因此被称为《米兰敕令》。《米兰敕令》规定了公民享有完全的宗教自由，比伽列里乌斯批准的宗教宽容政策更为彻底。此外，宗教场所被修复，被没收的财产也归还给了当事人。这些政策反映了帝国统治者对基督教会的倾向。

公元324年，君士坦丁成为唯一的罗马皇帝，继续深入进行宗教改革。君士坦丁公开宣布了自己的基督教信仰，然后鼓励臣民完全服从上帝的神圣法则，而异教则被宣布为"谎言的殿堂"并勉强被允许存在。君士坦丁决定使用帝国税收为罗马和君士坦丁堡修建大教堂提供资助，并鼓励召开阿尔勒大公会议（公元314年）和尼西亚大公会议（公元325年），保证基督教义统一。的确，非洲的多纳图派和东方的阿里乌斯教派等异端教派对教会的统一造成了威胁。

君士坦丁死后，基督教的发展并未停止。"背教者"尤利安在短暂的统治时期改变了政策，恢复了异教信仰，但随着异教象征的消失，基督教的霸权地位得以巩固。胜利女神祭坛是最重要的异教象征，君士坦斯二世将其暂时从元老院大厅中移除。公元380年，狄奥多西颁布《塞萨洛尼卡敕令》，要求所有罗马臣民都要信仰基督教。

民众的基督教化与宗教信仰的立法是同时进行的。君士坦丁皈依基督教让教会得以进一步接触普通民众，如同日耳曼君主皈依基督教一样。当时，基督教徒在罗马帝国只是小众群体。公元4世纪，民众开始大规模皈依已成为官方宗教的

君士坦丁献礼

根据一份公元8世纪的伪书，君士坦丁一世签订了一份文件，把罗马城和其他领土的控制权赠给了教皇西尔维斯特一世（Sylvestre Ier），这也成为未来教皇国的雏形。梵蒂冈君士坦丁厅里的壁画描绘了这一场景，由朱利奥·罗马诺（Giulio Romano，1499—1546）所作。这一场景发生在罗马的圣彼得大教堂中，而这幅壁画也是极少数描绘这座教堂的作品之一。

朱尼厄斯·巴索斯石棺上的象征物

❶ 以撒献祭 以撒（Isaac）的双手被绑在一起等待死亡，上帝派来的天使抓住了亚伯拉罕（Abraham）的手。

❷ 彼得被捕 双手被绑的彼得被两个士兵押往刑场，他即将被钉死在十字架上。

针对基督教徒的追捕停止之后，基督教的典型艺术不再局限于地下墓穴和私人住宅，也用来装饰礼拜堂、陵墓和大教堂。公元359年去世的罗马行政官朱尼厄斯·巴索斯（Junius Bassus）的石棺，是基督教艺术在罗马帝国内部取得成功的典范。这件石棺融合了罗马石棺的古典传统和基督教的图像，后者深受庄严、呆板的东部拜占庭艺术的影响，但主题开始逐渐丰富。石棺是由一整块卡拉勒大理石雕刻而成，长2.34米，高1.42米。正面分为两部分，每个部分有五个根据《旧约》和《新约》中的场景雕刻的深浮雕。这十个场景分别位于十个壁龛之中，周围有科林斯式圆柱。现藏于罗马梵蒂冈博物馆。

早期基督教艺术的主题

在公元4世纪之前，石棺上装饰的场景都源自逝者的生活或神话故事。从公元4世纪开始，石棺和陵墓壁画一样，装饰主要为取材于希腊-罗马的图像、圣经主题、花朵和动物以及耶稣基督的象征符号。

❸ 基督登基 耶稣基督脚踩天穹，身边是彼得和保罗（Paul）。

❹ 耶稣被捕 耶稣基督身边是两个士兵，他们的脸上没有胡须，看起来很年轻。

❺ 彼拉多的疑虑 彼拉多（Pilate）总督坐在象牙椅上面有疑虑，旁边有仆人端着水让他洗手。

③ ④ ⑤

⑧ ⑨ ⑩

⑥ **约伯受试炼** 神用麻风病来考验约伯（Job）的正直，但约伯却遭到妻子和朋友的嘲笑。

⑦ **伊甸园的亚当和夏娃** 在《创世纪》中，亚当（Adam）和夏娃（Ève）在蛇的诱惑下偷尝禁果。

⑧ **耶稣在耶路撒冷** 在沙漠中度过四十天后，耶稣基督骑驴来到耶路撒冷。

⑨ **丹尼尔面对狮子** 预言者丹尼尔（Daniel）被扔进狮子坑中，但他的信仰让自己免受猛兽攻击。

⑩ **保罗被捕** 保罗和彼得一样，也经常出现在基督教场景中。此处，保罗被两个士兵押往刑场赴死。

基督教。

基督教化首先从城市中开始，它在农村地区的发展略微滞后。事实上，"paganus"（乡下人，源自"païen"[异教徒]）这个单词本来指的是"住在乡下（pagus）的人"，当罗马帝国的城市已经普遍信仰基督教时，农民依然信奉祖先的传统多神教，因此"paganus"这个词也用来指代"异教徒"。

基督教进入了一个新时代，它必须改革组织形式来接纳数量众多的教徒。基督教自身也必须改变，其已经从一个艰难生存的非法宗教转变为一个政府允许的官方宗教。在基督教逐渐适应新形势的过程中，历史也开始进入基督教社会，并在几百年里改变了希腊语世界和拉丁语世界民众的精神甚至文化。

异端学说

在最初的三个世纪里，基督教要面对三种教义纠纷：非正统的犹太基督教义、诺斯底主义、末世论和严格派倾向。非正统的犹太基督教义主要在公元1世纪传播，影响范围有限。诺斯底主义在公元2世纪取得了较大影响，甚至给基督教带来了严重威胁，但后来几乎消失殆尽。诺斯底主义把不同来源的宗教思想融合在一起。在古代晚期，人们抛弃了异教信仰，但又需要对一些重要的宗教问题做出解答，因此这种融合主义（syncrétisme）取得了大发展，尤其是在希腊化的东部地区。

末世论和严格派在公元3世纪的传播主要有三种形式：摩尼教（主张极端的善恶二元论）、孟他努派（le montanisme，宣称世纪末日即将到来，推崇朴素生活、苦修、斋戒、禁欲，赞扬殉道）和多纳图派（以基督教会的精英主义观点为基础，预定灵魂获得救赎的严守教规者组成的群体）。

直到公元3世纪，这些异端学说的影响都只局限于学术领域和教义领域，但从公元4世纪开始，它们对公共生活产生了重大影响。异端学说不仅仅是教义问题，也带来了政治分歧，甚至威胁到帝国统一，因此成为国家事务，如耶稣单性说和阿里乌斯教义。

耶稣单性说出现在埃及，并得到亚历山大学派的提倡。亚历山大学派以神学思辨和善用讽寓为主要特点，而安条克学派则更偏重实证、理性，主张按照字义进行注解。亚历山大的主教们非常清楚自己拥有至高的道德权威，所以积极参与君士坦丁堡教会的内部事务，间接插手帝国政务。公元 5 世纪中叶，亚历山大的神学家开始传播基督只有一种神性的思想（耶稣单性说），打破了基督教会传统的耶稣两性合一（人性和神性）的思想。

虽然卡尔西顿大公会议（公元 451 年）对耶稣单性说提出批判，但这种思想仍然继续传播，甚至在西罗马帝国的某些地区有着极深的影响——这些行省把这种教义视为政治和宗教的标志。

耶稣单性说在埃及的发展尤其突出，它在波斯人和阿拉伯人统治时期非常兴盛。然而，这种思想即使传播了如此之久，伊斯兰教却依然能够迅速征服埃及和叙利亚，这实在令人难以解释。

在罗马帝国西部，百基拉诺主义（le priscillianisme）和伯拉纠主义同样动摇了基督教义的统一，但这两种异端学说只局限于神学领域，没有太大的政治影响力。不过，阿里乌斯教义就不同了，大部分日耳曼君主都信奉这种教义，而这主要受到了他们皈依时的历史条件的影响。

阿里乌斯教义讨论的是基督的神性，它之所以在日耳曼民族中传播甚广，其中部分原因是因为西哥特人。从公元 4 世纪皈依基督教开始，西哥特人就被这种教义所吸引。公元 5 世纪，西哥特人成为高卢地区的一股强大势力，对其他日耳曼民族的宗教态度也产生了重大影响。在公元 5 世纪，许多日耳曼民族都接受了阿里乌斯教义，而这种异端学说也得以存在几个世纪，各种各样的阿里乌-日耳曼教堂也随之出现。

此外，君士坦丁王朝的皇帝和瓦伦斯的政策都比较偏向阿里乌斯教派。当他们抛弃这项政策之后，对日耳曼民族而言，这种学说所代表的就不仅仅是一种教义的分歧了。在日耳曼人占领的地区，阿里乌斯教义成为一种区分日耳曼人和罗马人的手段。因此，除了北非的汪达尔人以外，信奉阿里乌斯教义的日耳曼人从未强制推行自己的信仰，也从未迫害过基督教徒。

在公元 6 世纪，不少日耳曼民族放弃了阿里乌斯教义，转而接受基督教信仰。

圣安东尼

圣安东尼出生在埃及，他放弃了一切财产成为在埃及沙漠中生活的隐修士。圣安东尼开启了隐修运动，但他从未远离过修道团体。该大理石雕塑由雕塑家彼得·弗兰卡维拉（Pierre de Francqueville）所作，现藏于佛罗伦萨圣马可修道院。

圣帕科缪（第 177 页）

这位公元 4 世纪的埃及僧侣是聚居修道生活的创始人圣帕科缪，他在埃及北部的沙漠中创立了修道团体。这是一幅 16 世纪的马赛克镶嵌画，位于阿陀斯山的佐希亚里奥斯修道院。

例如，公元 500 年左右，在克洛维（Clovis）的带领下，墨洛温王朝的法兰克人皈依基督教，而勃艮第人、苏维汇人和其他法兰克部落也纷纷效仿。公元 589 年托雷多第三次大公会议召开时，西哥特人正式宣布放弃阿里乌斯教义。

修道生活

基督教徒从少数群体变成社会主流之后，世俗教徒在教会生活中的参与度受到了限制。从此以后，只有教士才能被任命为主教、参加大公会议和参与教会管理。

早期教会的苦修传统（局限于苦修者、寡妇和少女）不断发展，并在公元 4 世纪初成为大规模的修道院运动。这种传统在中世纪得到巩固，它对教会的发展甚至东西方文化的发展都发挥了重要作用。

修道生活起源于在社会上大规模出现的苦修现象。这种现象最早出现在公元 4 世纪上半叶的埃及，一大批苦修者来到尼提亚和思西提斯的沙漠中（瓦迪尔纳特伦地区）定居，他们的领导者是圣安东尼（Antoine le Grand），孤独和安静是他们所过的隐修士生活的特征。很快，就有很多人效仿他们，成千上万的隐士居住在洞穴或棚屋里，有的独自隐居，有的结成团体，他们全身心投入祈祷、苦修和手工劳作中。

修道生活的另外一个中心地点是西拜德地区。圣帕科缪（Pacôme le Grand，公元 286 年—公元

科普特教会：一个独立的基督教会

科普特教会，源自公元 1 世纪建立的埃及基督教会。公元 5 世纪，埃及教会分裂成两派，但多数派成员拒绝了卡尔西顿大公会议的决议，最终发展成为科普特教会（"科普特"一词，源自指代"埃及人"的希腊语单词）。

根据传说，埃及最早的基督教团体是由福音传教士马克（Marc）在尼禄统治时期创立，但从公元 2 世纪开始，他们的存在才为人所知。在此之前，他们和犹太教团体没有太大区别，主要集中在亚历山大。公元 2 世纪，独特的埃及基督教发展起来，他们对苦修和"诺斯替"（la Gnose）充满了兴趣。公元 3 世纪，基督教在尼罗河谷扩散开来，并且在公元 4 世纪成为埃及行省的唯一宗教。亚历山大主教提摩西二世（Timothée II）拒绝了公元 451 年卡尔西顿大公会议的决议。公元 457 年，埃及基督教会与君士坦丁堡教会决裂，科普特教会由此而来。科普特教会的管辖范围从埃及扩展到了努比亚和阿比西尼亚。

插图 左图，公元 4 世纪浅浮雕上的鱼和十字架，发现于埃及埃尔曼特的科普特墓地；右图，尼罗河左岸的圣西米恩科普特修道院。

346 年）是修道运动的先驱，他被视为聚居修士生活的创始人。与隐修士不同的是，圣帕科缪的僧侣们以团体形式生活。某些修道院就像真正的村庄，那里聚集了几百名修士。聚居修士的日常生活有着详细的规定，修道院长负责管理苦修和集体生活的一切细节，书面规定形成的"戒规"是修道制度的重要组成部分。

基督教以隐修和聚居的形式深入到埃及民众中。僧侣主要来自农民阶层以及农村地区的手工业阶层，他们是亚历山

大主教的狂热支持者，而当主教们支持耶稣单性说时他们也盲目地跟从。就这样，与罗马和君士坦丁堡都不同的科普特基督教诞生了。从公元7世纪开始，由于伊斯兰教的统治，科普特基督教与其他两大教派的隔阂日益严重。

修道制度逐渐体系化，它的基础是一种特定的灵修思想，即"舍弃俗世生活"（contemptus saeculi）。修道生活的终极目标是对上帝的思考，它逐渐凝聚到要求纯净心灵、放弃物质财富的生活方式之中。

伊瓦格里厄斯·泊恩太格司（Évagre le Pontique，公元346年—公元399年）和约翰·卡西安（Jean Cassien，约公元360年—公元434年）等早期代表人物发挥了重要作用。约翰·卡西安撰写《要则》（*Institutions cénobitiques*）的目的是在拉丁世界传播东方的修道思想，他自己曾在巴勒斯坦、埃及和君士坦丁堡将这些思想付诸实践，并因此成为毋庸置疑的西方修道思想大师。约翰·卡西安始终致力于防止僧侣涌入君士坦丁堡，尤其来自东方异端教会的僧侣，同时也阻止这些僧侣插手司法和世俗管理领域。

在凯撒利亚的巴西流的推动下，修道运动也波及到小亚细亚地区，尤其是聚居形式的修道生活。隐修形式主要存在于巴勒斯坦和叙利亚，圣萨巴斯（saint Sabas）和圣厄弗冷（saint Éphrem）是主要代表人物。在希腊世界，这股潮流也渗透到大城市中，尤其是君士坦丁堡。在查士丁尼统治时期，君士坦丁堡有至少80座修道院，这些修道院通常按巴西流的方式进行管理。查士丁尼甚至颁布了不少与修道生活有关的敕令，僧侣的祈祷被视为一种有益于公众的行为。

在西方，希波纳的奥古斯丁推动了隐修运动的大发展，他鼓励主教辖区的少女和教士听从训诫，接受理想的基督徒的生活方式。奥古斯丁给教区的一个女子团体写过一封信，也就是今天我们所知的"圣奥古斯丁戒规"，随后这份戒规也被男子团体采纳。

同样，公元336年，亚历山大的阿塔纳修被流放到特里尔，这让西方世界了解到了诞生于埃及沙漠中的隐修运动。在高卢，图尔的圣马丁鼓励成立修道团体，随后阿尔勒的奥诺拉（Honorat d'Arles）在普罗旺斯地区效仿此举；马穆提修道院是由圣马丁建立的。在西班牙，多位女性贵族根据阿塔纳修和哲罗姆的训诫成立了女子修道院。

在意大利，努西亚的本笃（Benoît de Nursie，公元480年—公元547年）对修道运动的大发展起到了关键作用。这位未来的圣本笃被视为"西方修道制度之父"，他在罗马南部的苏比亚科荒原上聚集了第一批隐士，并按照圣帕科缪的聚居模式来管理这个团体。几年之后，圣本笃在卡西诺山上建立了一座修道院，并在这座修道院中思考自己的经历，确立修道院长这个职位来加强对团体生活的管理，按照祈祷、礼拜仪式和手工劳作来安排僧侣生活。圣本笃在晚年以圣帕科缪、巴西流、圣奥古斯丁和卡西安的思想为基础，撰写了一部《会规》（Règle），为想要建立新修道院的僧侣提供参考。这部《会规》的地位不断提高，成为西方中世纪修道制度的基础。

档案：巴西利卡——新式基督教堂

身处罗马世界中的基督教会采用一种早已存在的建筑形式来满足文化需求，使其能够容纳越来越多的信徒。

如今，我们所了解的基督教巴西利卡（la basilique）融合了希腊-罗马和基督教的遗产。巴西利卡最初是世俗建筑，后来成为宗教场所，并在经历了一系列的功能变化之后，才形成了我们所知道的巴西利卡式教堂。在这种变化过程中，这些古典时期的建筑的主要结构和建筑特点都没有太大变化。

罗马世俗巴西利卡

在古罗马时期，巴西利卡是一种使用很频繁、颇受欢迎的建筑，它拥有多种功能和巨大的空间，司法管理、金融交易和贸易往来都可以在这里进行。巴西利卡通常位于广场上，那里是罗马城市的民事、司法和贸易互动的中心。

插图 上图，特里尔的君士坦丁巴西利卡；左图，罗马拉特朗大殿的内部。

在希腊-罗马异教世界里，巴西利卡虽有多种功能，但局限于世俗领域，尤其是司法活动。巴西利卡在罗马社会中非常重要，这也解释了它为何能够占据广场中央的核心位置。随着公元 4 世纪基督教成为罗马帝国的国教，巴西利卡也逐渐成为专属的宗教建筑，但它的建筑结构没有任何变化。随着时代的发展，"巴西利卡"这个术语用来指代基督教世界中最具象征意义、

君士坦丁大帝

公元 3 世纪的混乱结束后，君士坦丁大帝推动了罗马帝国的扩张，巩固了帝国的统治。君士坦丁的名字与君士坦丁堡联系在一起，在随后的几个世纪里，君士坦丁堡这座城市都是拜占庭帝国的首都。君士坦丁的名字还让人联想到他颁布的基督教法令。在君士坦丁统治时期，罗马建造了拉特朗大殿——这是第一座基督教巴西利卡教堂。

巴西利卡平面图

　　罗马巴西利卡建筑的结构非常符合基督教宗教仪式的要求。中殿的一端是半圆形后殿，这是罗马建筑的常见要素，而祭坛也位于此处。主祭站在祭坛周围，信徒站在中殿其余地方。

　　基督教巴西利卡的主要结构是长方形的中厅和一个或两个半圆形后殿。中殿的两侧是圆柱，它们支撑着半圆拱腹的拱状结构和柱下楣。除了主要的结构功能以外，圆柱还把中殿和侧廊区分开。传统的罗马巴西利卡在规划时没有耳堂，也没有交叉甬道。最早的基督教堂严格遵循了这些建造规则，但很快宗教建筑就采用了其他形式，尤其是拉丁十字结构或希腊十字结构。随着罗马式和哥特式风格在西方出现以及拜占庭风格在东方出现，拉丁十字和希腊十字这两种布局在中世纪逐渐推广开来，但巴西利卡的独特形状没有彻底消失。中殿的屋顶通常是精心装饰的木质构架，它从内部可以被观察到，或者被藻井遮挡住。中部半圆形后殿的屋顶使用半穹隆，侧廊的半圆形后殿有时则没有穹顶。

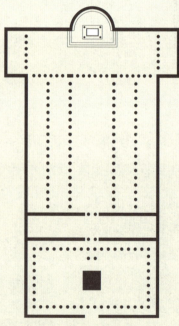

早期基督教巴西利卡式教堂

　　上图，早期基督教巴西利卡的平面图和立视图；右图，罗马圣母大殿内部。

最著名的教堂，或者那些举行特别庆祝仪式和享有文化特权的教堂。

罗马帝国的世俗巴西利卡的主要结构特点是一座长方形的中央大殿，这座大殿没有任何装饰，两侧有一个或多个侧殿。中殿是面积最大、空间最高的，由圆柱支撑。侧殿比中殿矮，上方辟有窗口，阳光可以透进来。半圆形后殿（又称接待室）是权威人士的场所，在中殿的一端，而另一端是入口，四周有柱廊。

巴西利卡通常有三个殿（一个中殿和两个侧殿），但也会出现五个殿的情况（一个中殿和四个侧殿）。例如，图拉真修建的乌尔皮亚巴西利卡，它的侧殿上方有长廊，两端各有一个半圆形后殿。这些建筑通常是木制双坡式屋顶，但内部天花板是平的。不过，马克森提乌斯巴西利卡是个例外，它的屋顶是一个交叉拱穹。

罗马广场上主要的巴西利卡有波西亚巴西利卡（马尔库斯·波尔基乌斯·加图 [Marcus Porcius Cato] 或老加图 [Caton l'Ancien] 所建）、艾米利亚巴西利卡（在马尔库斯·埃米利乌斯·雷必达 [Marcus Aemilius Lepidus] 的支持下建成）、欧皮米亚巴西利卡（由监察官卢基乌斯·欧庇米乌斯 [Lucius Opimius] 所建）以及森普罗尼亚巴西利卡（由监察官提比略·森普罗尼乌斯·格拉古 [Tiberius Sempronius Gracchus，即提比略·格拉古] 所建），所有这些巴西利卡都建造于公元前 2 世纪。马克森提乌斯巴西利卡是那个时期最壮观、最杰出的建筑之一，它的建造大约开始于公元 307 年—公元 310 年之间，即皇帝马克森提乌斯执政时期，完工于公元 313 年后的君士坦丁执政时期。

宗教功能

从公元 4 世纪初开始，新生的基督教逐渐在罗马帝国普及开来，基督教徒从传统的罗马巴西利卡获得灵感设计了新的教堂。

他们保留了巴西利卡的独特结构，但是增加了丰富的内部装饰，如墙壁绘画装饰或马赛克装饰等，这些内饰与既有的建筑轮廓非常贴合。中央的半圆形后殿的拱顶有着壮观的装饰，如巨幅壁画或复杂的马赛克镶嵌画等。

早期基督教巴西利卡教堂有一个把入口、柱廊和中部喷泉包围起来的中庭，中庭前面是前厅或有顶的门房。前厅内侧的门通往教堂各殿，各殿的尽头有圆柱，甚至有时还有铁栅或屏障。半圆形后殿或祭坛在两三个台阶之上，凯旋拱门环绕一周，

洗礼堂

在基督教成为罗马帝国国教之前，人们就已经建造了一些用来进行洗礼（基督教的入教圣事）的礼拜堂。

在基督教成为罗马帝国国教之前，洗礼常在河边或者自然泉水旁进行，但在宗教迫害期间洗礼则偷偷在信徒家中举行。在君士坦丁统治时期，随着基督教合法化，人们开始在巴西利卡大教堂和小教堂外修建洗礼堂。从公元5世纪开始，洗礼盆被放置在教堂里，要么在偏祭台处，要么在中殿或侧殿的一侧。最著名的洗礼堂有那不勒斯大教堂的洗礼堂（它被视为西方最古老的洗礼堂）、可追溯至君士坦丁时期的拉特朗大殿的八角形洗礼堂（左图）以及拉文纳的尼奥尼安洗礼堂（上图）。尼奥尼安洗礼堂修建于公元5世纪末，代表了古代洗礼堂的最高成就。这座八角形砖石洗礼堂拥有和洗礼有关的一切传统象征，如耶稣基督和施洗者约翰的图像，耶稣受洗的约旦河和圣灵（耶稣受洗时传来了他的声音）。有些洗礼堂是圆形的，如比萨洗礼堂；还有的是六边形的，如阿奎莱拉和锡耶纳的洗礼堂。

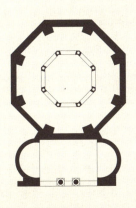

中间是正祭台，正祭台上常常有一个壁龛或华盖，正下方是祭台地下室（或者殉道者的墓室）。

巴西利卡教堂的侧面常常也有半圆形后殿，有时里面是圣器收藏室，保存有圣人的衣服和物品（右侧半圆形后殿）或者信徒捐赠的祭品（左侧半圆形后殿）。在某些建筑中，祭台两侧的半圆形后殿中也会有小祭坛，圣体圣事（或称圣体礼仪）在那里筹备和完成。

在巴西利卡教堂的旁边有其他长方形、方形甚至圆形的宗教建筑，它们可以作为小礼拜堂、停尸房或者纪念殉道者的建筑。这些建筑是在君士坦丁执政早期建成的，多边形或圆形建筑是风格非常独特的洗礼堂。

罗马巴西利卡教堂

罗马共有7座巴西利卡教堂：拉特朗大殿（罗马主教大教堂）、梵蒂冈圣彼得大教堂（又译圣伯多禄大殿，中世纪时供君士坦丁堡主教使用，今为天主教教皇独自使用）、圣母大殿（中世纪时供安条克主教使用）、城外圣保禄大殿（中世纪时供亚历山大主教使用）、城外圣老楞佐圣殿（中世纪时供耶路撒冷主教使用）、耶路撒冷圣十字圣殿和城外圣巴斯弟盎圣殿。从考古角度来看，前三座教堂的历史价值更高。

实际上，拉特朗大殿是真正的罗马大教堂，它是罗马主教也就是教皇的所在地。圣彼得曾是罗马教区的首领，因此罗马教皇被视为圣彼得的继承人。这座教堂最初被敬献给救世主基督，后来又受到基督降临的预言者（施洗者圣若翰 [Jean-Baptiste]）及其最宠爱的弟子（圣若望）的庇护，因此这座教堂的全称是"拉特朗至圣救主、洗者圣若翰圣史圣若望总主教座堂"。

拉特朗大殿是最古老、排名第一的罗马特级宗座圣殿，享有全世界天主教会母堂的称号。拉特朗大殿在公元324年被教皇西尔维斯特祝圣，没有任何来访者能够否认它无与伦比的庄重威严。

从历史角度来看，梵蒂冈的圣伯多禄大殿是全球天主教徒的圣地，影响力最大。这座巴西利卡式教堂建在罗马城内的梵蒂冈山上，曾在历史上几经变化（尤其是贝尔尼尼的巴洛克式装饰），最终形成如今的样貌。虽然我们不知道这座教堂的具体建造时间，但我们知道它肯定早于公元329年。

城外圣保禄大殿　君士坦丁下令在圣保禄（又译为圣保罗）墓地之上修建了这座教堂，它是罗马最古老的五座巴西利卡式大教堂之一。

在罗马帝国时期，圣伯多禄大殿的建筑结构是其他几座古代巴西利卡教堂的范本。圣伯多禄大殿周围曾是一片巨大的墓地，第一位教皇圣彼得（又译圣伯多禄）就葬在此地。这座大教堂的立面朝东、圣坛朝西，这或许与圣彼得的墓地有关。

圣母大殿又名圣母雪地殿或利伯略大教堂，它建在一座献给库伯勒的异教神殿旧址之上，而在传统圣地之上建一座宗教建筑是古代的常见做法。圣母大殿是第一座献给圣母玛利亚（公元431年以弗所大公会议确定了"上帝之母"这个头衔）的大教堂。

公元360年左右，教皇利伯略（Libère）命人在埃斯奎利诺山丘上建造了这座教堂的雏形。根据宗教传说，公元358年8月5日，罗马神奇般地下了雪。在圣母玛利亚的地位得到承认之后，教皇西斯科特三世（Sixte III，公元432年—公元440年在位）对利伯略修建的这座教堂进行了翻新和装潢。后来，圣母大殿在文艺复兴时期虽然又进行了大规模翻修，但这座教堂仍然保留了早期基督教结构。

金挂钩

这件精美的挂钩物品是在罗马尼亚的皮埃特罗埃萨（Pietroasa）地区发现的哥特人的艺术珍品之一，可追溯至公元4世纪–公元5世纪。现藏于布加勒斯特罗马尼亚国家历史博物馆。

插图（右侧）　公元7世纪的墓葬浅浮雕，描绘的是一位法兰克战士。现藏于波恩莱茵河州立博物馆。

日耳曼王国

从罗马被西哥特人攻陷到拜占庭军队占领意大利，中间隔了一个半世纪。在这段时期，日耳曼人建立的王国填补了公元 476 年西罗马帝国灭亡后留下的政治空白。这些王国之间的权力斗争催生了新的地域政治版图，未来的西方强国也初现雏形。

公元 5 世纪，在西罗马帝国解体的同时，日耳曼民族（西哥特人、东哥特人、苏维汇人、勃艮第人、法兰克人、汪达尔人和盎格鲁-撒克逊人）不断巩固他们在罗马帝国境内的势力。他们不断取得战争胜利，占据了曾属于罗马帝国的行省，并在那里定居。由于这些地区的罗马文化和生活方式根深蒂固，因此他们的政治习俗也逐渐改变，通常选择罗马法体系以及罗马人的宗教和文化。

除了新出现的政治结构之外，罗马帝国境内频繁的人口迁徙也是社会变化的重要现象，标志着历史从古代向中世纪过渡。虽然当时的日耳曼民族只占西方人口数量的一小部分，但他们的政治和社会影响却远超过人口比重。

日耳曼民族拥有强大的军事力量，他们重新确立了罗马帝国因司法和军事结构瓦解而无力保障的秩序。西罗马帝国消失之后，各个政府层级（中央、大区和地方）的空白也都被日耳曼人填补了。他们依靠一种新的贵族阶级确立了不同的社会秩序，军人在这个新阶级中占据主导地位，并成为西罗马帝国灭亡后出现的各个王国的统治者。

公元 3 世纪日耳曼入侵之后的这段时期相对稳定，本地罗马人和外来的日耳曼人之间的关系逐渐恢复正常，但二者的共处也时有问题出现，具体表现在四个领域——语言多样性、最初禁止通婚、分散的文化、传统与宗教分歧，其中最后一点是最难解决的问题。

随着民众的近距离接触和逐渐融合，罗马天主教和日耳曼阿里乌斯教派之间的隔阂越来越明显。虽然日耳曼人有着独特的宗教和政治特征，但罗马帝国的社会结构、司法形式和语言表达依旧抵挡了公元 5 世纪的日耳曼化浪潮。日耳曼民族并没有推翻根深蒂固的罗马社会组织结构，或许是能力不足，也或许是有意而为，罗马帝国及其组织结构依旧是外来的日耳曼人所效仿的模板。

公元 5 世纪—公元 7 世纪，源自罗马帝国的贵族阶层被保留下来，并对周围的日耳曼军事贵族享有统治权，甚至在许多情况下二者彼此融合。这是历史延续性最明显的表现之一，其主要原因是对地产制度、经济财富和政治权力的重视，其中地产制度是构建社会统治的重要因素。在大部分地区，瓜分土地没有对本地罗马精英阶层的社会地位造成实质影响，因为他们明白要想保留自己的权力和地位就必须与外来的新主宰者合作。

王国与帝国

最初，大多数日耳曼民族都享有罗马"同盟者"的地位。西罗马帝国灭亡之后，他们成为独立的王国，但存在的时间都比较短暂。在最初的日耳曼王国中，能够幸存到公元 6 世纪下半叶的非常少，而这一时期恰好又迎来了第二波"蛮族"入侵浪潮。不过，这些王国依然扮演了重要角色，因为最早适应或者采纳罗马政治和司法体系的就是他们。

然而，面对这些移居西罗马境内的日耳曼人，首要问题就是土地分配。罗马帝国必须满足新人口的需要，还要把大量的农业财富分给贵族阶层，而依据的最早的法律规定就是"同盟"（foedus，"盟约"或"协定"）和客居法（hospitalité militaire）。

罗马帝国给予日耳曼民族"同盟者"（盟友）的地位，既可以确保他们的政治独立和主权，又能让罗马人民依旧受帝国法律管束。日耳曼人在罗马帝国境内定居要受客居法的约束，即"客人"（日耳曼人）获得所在地区的三分之一的土地，如果"客人"的社会地位较高，甚至可以获得一半的土地。根据已经掌握的史料表明，即便政府下达了命令，罗马帝国的地产主和外来的日耳曼人在分割土地时也并非总是风平浪静，如公元5世纪40年代初阿兰人来到卢瓦尔河中部流域定居时面临的情况。

君主制是西部日耳曼行省的政治组织形式的重要特征，它的历史影响或许更深远。首领或国王文化根植于日耳曼民族世代相传的传统之中，这些民族通常被划分为不同的部落。国王的权威能够保证民族统一，并让部落尊重彼此缔结的联盟。

公元5世纪，当日耳曼民族在罗马行省定居时，能够确定日耳曼君主制性质的政治学说或书面法律尚不存在。从公元7世纪初开始，在西哥特人统治的西班牙地区，塞维利亚的伊西多尔（Isidore de Séville）和托莱多议会逐渐确定了君主制的定义。

每个地区特定的政治形势和传统让每个王国的君主制都各不相同，尤其是与王位继承有关的规定。总的来说，君主制是世袭的，王国建立的历史、威信和魅力兼具的君主或者历史神话类型的"建国英雄"是君主制合法性的来源。如果这些条件没有得到满足，或者世袭继承因为没有子嗣而中断，地位最高的重臣会把拥有显赫军功或社会威望之人扶上王位。

日耳曼国王通常会尊重从罗马帝国继承而来的大区和地区行政机构，即便是在非洲的汪达尔王国，行省划分制度也没有引起质疑。新生的王国内部逐渐划分为不

"蛮族"王国的建立

公元406年
苏维汇人、阿兰人和汪达尔人 这些"蛮族"部落渡过莱茵河，来到伊比利亚半岛定居。

公元411年
勃艮第人 他们越过莱茵河边境，在沃尔姆斯地区建立了勃艮第王国。

公元418年
瓦利亚 西哥特人以罗马"同盟者"的身份在图卢兹和波尔多之间的高卢地区定居，并开始在此处建立王国。

公元429年
盖萨里克 带领汪达尔人渡过直布罗陀海峡，在非洲建立了汪达尔王国。该王国一直持续到公元534年，随后被拜占庭军队消灭。

公元481年
克洛维 墨洛温王朝的成员，继承了滨海法兰克人在高卢图尔奈地区建立的王国。

公元493年
狄奥多里克大帝 这位东哥特国王杀死了出身"蛮族"的军事将领奥多亚克，并在意大利建立了东哥特王国。

公元507年
武耶战役 此战法兰克人获胜，克洛维把西哥特人驱逐出高卢并扩张了王国领土。

罗马帝国的"蛮族"同盟王国

罗马帝国把"蛮族"分为两类：一类是被罗马帝国击败的"战败者或降服者"（dedititii），另一类是为罗马帝国效力的"同盟者或盟友"（foederati）。

罗马与外来民族的联盟最早可以追溯至共和时期。根据古老的协议，未融入罗马的民族承认罗马的权威并提供辅助部队（auxilia），这些部队被编入罗马军队中，但地位不同。"同盟者"地位从恺撒远征高卢开始出现，他所指挥的日耳曼骑兵队在战胜维钦托利（Vercingétorix）的战役中发挥了重要作用。从此以后，罗马人就一直征召"蛮族"士兵。公元5世纪初，西哥特人的政治和军事力量不断增强，到了西罗马帝国末期他们在高卢和西班牙的主权甚至得到了罗马官方的承认。

插图 在托雷东希梅诺发现的公元7世纪的西哥特金十字架，现藏于科尔多瓦考古博物馆。

同的行政区，每个地区出一位伯爵统治。随着时代的发展，这些伯爵成为政治和社会组织形式的关键人物，而与此同时各种各样的政治突变导致了日耳曼王国解体。此外，某些城市保留了罗马帝国时期的市政机构，这些机构常常与教会机构有密切关联，主教扮演了至关重要的角色。实际上，在公元5世纪下半叶，西罗马帝国的崩溃就让主教成了地方世俗生活中的权威人物。

日耳曼入侵者来到罗马帝国境内之后，他们并没有成文法律，只有以口述传统为基

础的风俗习惯。当时，本地人民遵守的则是罗马帝国晚期的传统和法律。因此，日耳曼君主也颁布了敕令、法典和法律。

这些法律汇编构成了著名的"罗马-日耳曼法"，日耳曼王国内的两大主要民族都遵守该法。最完善的法典来自图卢兹西哥特王国，公元 6 世纪—公元 7 世纪的西班牙西哥特国王也是重要的立法者，这两个王国的君主之间有着一脉相承的立法才能。

这一时期，最终的法典是公元 476 年编撰的《尤里克法典》（Code d'Euric），它的

《亚拉里克法律要略》（第 197 页）

西哥特国王亚拉里克二世在公元 506 年颁布《亚拉里克法律要略》（Bréviaire d'Alaric）的装饰画。这部法典是一部配有注解的罗马法纲要，其法律文本主要来自东罗马帝国的《狄奥多西法典》（Code Théodosien）。

195

《尤里克法典》：第一部日耳曼法汇编

西哥特国王尤里克多次击败西罗马帝国，巩固了自己的权力，并在公元 **476** 年左右颁布了一部半罗马法、半日耳曼法的汇编，试图巩固西哥特王国的组织结构和司法体系。

这部法典共有 350 章，但只有 47 章保存至今。1960 年，加泰罗尼亚的罗马法学家阿尔瓦罗·多勒斯（Alvaro d'Ors）分析了一份法国隐迹纸本（palimpseste），复原了这部法典的目录。毫无疑问，这部法典是《法律集》（Fuero Juzgo，卡斯蒂利亚的斐迪南三世 [Ferdinand Ⅲ] 在 1241 年制定的法律汇编）的参考文献之一，不仅确立了司法管辖职能，还制定了罗马司法的重要制度，如销售契约、借贷、海上贸易等。这部法典的某些章节，尤其是和贩卖奴隶有关的部分（见第 6 章）满足了这一时期的政治需求，因为当时许多人由于战乱沦为了奴隶。《尤里克法典》在家庭法方面也有创新，如针对某些为了婚姻和获得不动产而对少女和寡妇实施的绑架行为（见第 15 章）做出了相关规定。

插图 《尤里克法典》（页面），现藏于马德里国家图书馆。

传播和影响是罗马-日耳曼法历史上的里程碑。这部法典对其他更晚出现的法典有着深远影响，如《勃艮第与阿勒曼尼法》（*Lois burgondes et alémaniques*）。尤里克的儿子和继承人亚拉里克二世在公元 506 年颁布了《亚拉里克法律要略》，又名《西哥特罗马法》（*Lex Romana Visigothorum*）。

这些法典通常是由一个法学家理事会起草，然后由主教和行省代表召开会议通过。君主通过颁布法典来解决不同法律共存的情况，参与日耳曼王国漫长的政治构建过程，而这些具有合法性的法典能够巩固他们的权力。

在东哥特人统治的意大利，卡西奥多罗斯（Cassiodore）的《信札》（*Variae*）编纂了狄奥多里克大帝颁布的大量法令和制定的特权。最后，同样值得提及的是勃艮第王国在被墨洛温王朝的法兰克人吞并之前颁布的法典——《勃艮第法典》（*Lex Burgundionum*，又名《贡都巴德法典》[*Loi des Burgondes*]），是公元 5 世纪末勃艮第国王贡都巴德所制定。

图卢兹西哥特王国

公元 418 年，西哥特国王瓦利亚与罗马将军君士坦提乌斯签订合约，这为一直持续到公元 507 年的图卢兹王国奠定了基础。西哥特人从罗马帝国获得了"同盟者"地位，他们可以在罗马帝国境内定居，但作为交换需要提供军事服务。西哥特国王在高卢南部的图卢兹建立宫廷，王国的西部濒临大西洋，但无法进入地中海。罗马帝国对这样的地理位置很满意，因为地中海对帝国的经济和贸易至关重要，帝国必须维护自己在地中海的霸权。

西哥特人和罗马人之间的关系从未彻底平静过，纠纷和冲突频繁出现。因此，当西罗马帝国灭亡时，图卢兹王国很快就独立了，卢瓦尔河南部高卢地区几乎都成为它的疆土。

在瓦利亚去世的同一年，狄奥多里克一世继位并成为西哥特王国的奠基人，他的统治一直持续到公元 451 年去世为止。在统治初期，狄奥多里克一世定都图卢兹，与罗马帝国共同参加了某些战役，如针对贝提卡汪达尔人的远征。

但是，在随后的若干年里，狄奥多里克一世实行了反对罗马帝国的政策，损害了自己"同盟者"的地位。在公元 425 年—公元 436 年间，狄奥多里克一世试图攻占阿尔勒和纳尔榜这两座罗马城市，以扩大王国面积，但未能成功。公元 5 世纪 40 年代，图卢兹王国与罗马帝国进入和平时期。当匈奴人阿提拉入侵高卢时，狄奥多里克一世加入了罗马人、勃艮第人和法兰克人的联军。最终，匈奴人被击败，但狄奥多里克一世不幸阵亡。

狄奥多里克一世战死沙场后，他的儿子多里斯蒙德（公元 451 年—公元 453 年在位）随即被拥立为国王。多里斯蒙德重新实施了针对罗马帝国的敌对政策，但很快就被弟弟狄奥多里克二世（公元 453 年—公元 466 年在位）刺杀身亡。在狄奥多里克二世统治期间，西哥特人把扩张的目标瞄准了比利牛斯山另一侧的西班牙。在公元 456 年—公元 457 年间，狄奥多里克二世在西罗马皇帝阿维图斯的命令下入侵塔拉戈纳，赶走了苏维汇人。西哥特人击败雷奇阿尔（Réchiair）的苏维汇王国后，继续攻占卢西塔尼亚，夺取了行省都城梅里达。狄奥多里克二世从当地罗马精英贵族中挑选了一些被称为"公爵"（duces）的指挥官，并把这两块地区的管理权交给了他们。

公元 462 年，狄奥多里克二世向高卢北部发动战争，企图扩大疆土，但在奥尔良遭遇战败。这次失败终结了西哥特王国向北扩张的美梦，它把征服的目标放在了伊比利亚半岛上。几年之后，尤里克将兄长狄奥多里克二世刺杀致死并成为新国王，而他也被某些人视为"西班牙第一位国王"。高卢的罗马元老院议员、主教和作家希多尼乌斯·阿波黎纳里斯（Sidoine Apollinaire），曾对狄奥多里克的执政才能和道德品质大加赞赏。

在尤里克登上王位那段时期，西罗马帝国日薄西山，意大利的东哥特王国尚未建立，法兰克人的扩张还没有结束。因此，尤里克成为西方最重要的君主，他统治的十八年成为图卢兹西哥特王国最辉煌的时期。

西哥特王国的北部边界为卢瓦尔河，但随着罗马帝国的分裂，再没有任何障碍阻挡西哥特人向高卢中部和东南部以及西班牙扩张。从公元 468 年起，苏维汇人退

武耶战役：上帝的审判与阿里乌斯教派在高卢的终结

夜幕降临，法兰克国王克洛维率领的军队突然出现在武耶平原上。当克洛维发现西哥特国王亚拉里克二世的哨兵队时，便决定让自己的军队随时待命。黎明时分，战役打响了。

根据凯撒利亚的普罗柯比（Procope de Césarée）的记载（《哥特人战记》第一卷第 12 章 [*La Guerre des Goths* Ⅰ, 12]），亚拉里克攻占了普瓦提埃之后，想等待狄奥多里克大帝的援军到来后再发动对法兰克人的战役，但他的部队拒绝与东哥特国王分享获胜之后的政治利益，强迫他即时发起进攻。根据图尔的格列高利（Grégoire de Tours）《法兰克人史》第二卷 [*Histoire des Francs*, Ⅱ]）的记载，战役发生在距离普瓦提埃大约 15 公里的地方，就在普瓦提埃与南特之间的罗马大道的两旁。战役非常短暂，西哥特人很快就被击退，但亚拉里克战死，或许是被克洛维所杀。国王亚拉里克的死加速了西哥特人的溃败，而法兰克历史学家把天主教徒克洛维战胜阿里乌斯教派信徒视为神的旨意。战争结束后，法兰克军队胜利挺进普瓦提埃。如同图尔的格列高利所记载，克洛维相信普瓦提埃的圣希拉流墓中燃起的火为他带来了胜利。这位圣人希拉流在担任主教期间曾激烈地反对阿里乌斯教派，或许他把自己的"光芒"借给了这位天主教君主（克洛维）。

插图 左图，亚拉里克二世时期铸造的金币，上面有东罗马皇帝阿纳斯塔修斯（Anastase）的肖像；右图，武耶战役中的亚拉里克二世，胡赛·莱奥那多（José Leonardo, 1605—1656）所作油画，现藏于马德里军事博物馆。

守加莱西亚，西哥特人重新占领卢西塔尼亚，并把梅里达作为向半岛南部扩张的战略据点。公元 473 年，尤里克吞并了塔拉戈纳，而弥留之际的西罗马帝国在公元 475 年把重要的奥弗涅地区也让给了他。

公元 476 年，西罗马帝国灭亡之后，普罗旺斯落入西哥特人手中。尤里克与夺取意大利的奥多亚克一世签订合约，确定了图卢兹王国的东南边界（一直到今天的滨海阿尔萨斯省）。如此一来，尤里克巩固了在比利牛斯山两侧庞大疆土的统治。

尤里克的内政集中在司法和宗教领域。在司法领域，前文提到的《尤里克法典》是西方罗马–日耳曼法历史上的一

座里程碑。在宗教领域，尤里克采用暴力镇压高卢地区的天主教，并驱逐了多位主教，因此许多主教的职位空缺。不过，或许这种策略是为了满足政治需求，而非针对某些宗教信仰，因为西班牙地区并没有出现宗教迫害。

与法兰克人的斗争

尤里克去世后（自然死亡），他的儿子亚拉里克二世（公元484年—公元507年在位）继位。图卢兹王国的发展达到了鼎盛时期，疆域覆盖了高卢中部和南部地区以及加莱西亚之外的整个西班牙地区。但是，公元482年左右，克洛维继承了父亲希尔德里克（Childéric，即希尔德里克一世）的王位成为法兰克国王，而他推行的是野心勃勃的扩张政策。在随后的二十年间，西哥特人和法兰克人为了争夺高卢的控制权而不断发生冲突，但两个王国之间的边界一直维持在卢瓦尔河附近。

由于和法兰克人的斗争不断，西哥特人试图巩固自己在西班牙的统治。对西哥特人而言，军事占领本身并不是目的，他们需要的是能够定居的土地，这也表明了为何他们在高卢的疆土上有一种强烈的不安全感。

公元 500 年左右，克洛维皈依基督教，这让他赢得了神职人员和大部分高卢人的民心。克洛维是西方基督教君王的代表，亚拉里克二世则是阿里乌斯教派的信徒，虽然东哥特国王狄奥多里克大帝想要借助外交手段来解决这二人之间的冲突，但没有成功。公元 507 年，克洛维和亚拉里克二世在普瓦提埃北部的武耶战役中两军对垒，西哥特人战败，国王亚拉里克二世阵亡。图卢兹王国崩溃，法兰克人和勃艮第人占据了其大部分领土。

苏维汇人和汪达尔人

公元 409 年，罗马统治的西班牙遭到苏维汇人、汪达尔人和阿兰人入侵。然而，只有苏维汇人、汪达尔人在伊比利亚半岛上长久定居下来。哈斯丁汪达尔人和苏维汇人远离西哥特人统治的地区，他们占据了加莱西亚，并且互相争夺这个地区的统治权。公元 420 年左右，在罗马人的调停之下，苏维汇人留在了加莱西亚，汪达尔人迁徙到了伊比利亚半岛的南部，并在公元 429 年左右迁往非洲。

雷奇拉登上王位标志着苏维汇人开始在伊比利亚半岛大规模扩张，并很快征服了梅里达和塞维利亚。公元 448 年左右，在五个罗马行省中，有四个落入了苏维汇王国之手（加莱西亚、贝提卡、卢西塔尼亚、迦太基），只有塔拉戈纳依旧属于罗马帝国。

异教徒雷奇拉的儿子和继承人雷奇阿尔皈依基督教，成为西方日耳曼王国中第一位基督教国王。雷奇阿尔不断发动军事战争，成功地巩固了对西班牙诸行省的统治，并在公元 456 年对塔拉戈纳发动远征。这次突袭让罗马人及其同盟西哥特人大为光火，他们联合起来捍卫罗马帝国在西班牙的利益。在公元 456 年 10 月的奥尔维戈河战役中，双方的战争达到白热化：西哥特人获得了压倒性胜利，苏维汇王国的首都布拉加陷落，雷奇阿尔被处死。

在随后的几年里，暴乱和背叛频频发生（公元 456 年—公元 464 年），形势一片灰暗，但国王雷米斯蒙（Rémismond）重新让苏维汇人团结了起来。然而，苏维汇王国失去了大部分疆土，只能偏安一隅处于西哥特人的影响之下。从公元 469 年开始，苏维汇王国开始衰落，而在将近一个世纪之后它就只剩历史文献中的只言片语了。无论如何，苏维汇人都对加莱西亚的历史产生了重要影响。

公元 420 年左右，汪达尔人不再与苏维汇人争夺半岛东北部地区，他们把目光转向了辽阔的南部地区。公元 422 年左右，汪达尔人占据了贝提卡和迦太基的一部分。公元 428 年，汪达尔国王贡戴里克（Gondéric）在围攻塞维利亚时阵亡。

贡戴里克的继承人、同父异母的弟弟盖萨里克（公元 428 年—公元 477 年在位）是日耳曼首领中最负盛名、最有智慧的一位，他在地中海世界的历史中扮演了重要角色。汪达尔人是经验丰富的航海者，这种优势鼓励他们在海上扩张自己的势力。公元 429 年，汪达尔人登陆非洲，这片土地不仅盛产小麦，而且是为罗马提供补给的战

西班牙的苏维汇人、汪达尔人和阿兰人

公元 406 年

渡过莱茵河 苏维汇人和汪达尔人属于日耳曼民族，阿兰人属于讲波斯语的印欧民族，他们一起渡过了莱茵河。

公元 409 年

西班牙 8 月和 9 月，"蛮族"从隆瑟沃和大西洋之间的关隘穿过比利牛斯山。

公元 410 年—公元 415 年

巴高达运动 被侵略者从土地上赶走的农民形成了巴高达部队（les bagaudes），他们在塔拉戈纳和迦太基的行省里大肆劫掠。

公元 411 年

"同盟者" "蛮族"从罗马帝国获得了"同盟者"的地位：苏维汇人得到了加莱西亚，哈斯丁汪达尔人占据了卢戈，西林汪达尔人占领了贝提卡西部。

公元 422 年

贡戴里克 在贡戴里克的领导下，贝提卡的汪达尔人击败了罗马将军卡斯提努斯（Castinus）的部队。

公元 439 年—公元 456 年

苏维汇王国 苏维汇人的军队一直推进到瓜迪亚纳河谷，占领了贝提卡和卢西塔尼亚。

加莱西亚苏维汇王国：起源、巅峰和衰落

公元 409 年，大约 3 万名苏维汇人穿过了比利牛斯山。这些农民和牧民来到伊比利亚半岛，定居在杜罗河口和维戈河之间的地区。公元 411 年，苏维汇人和西罗马皇帝霍诺里乌斯签订了合约，并在加莱西亚成立了独立的王国。苏维汇人最初的都城是布拉卡拉奥古斯塔，也就是今葡萄牙的布拉加。

苏维汇人、汪达尔人和阿兰人征服伊比利亚半岛之后，罗马帝国只保留了塔拉戈纳，而这是西哥特军队捍卫的结果，因为首领瓦利亚与罗马帝国签订了协议。公元 416 年，西哥特人在西班牙的军事行动继续深入，两年之后他们与霍诺里乌斯签订新协议之后撤军。随着阿兰人逐渐被西班牙罗马人同化，汪达尔人从公元 429 年开始就在非洲定居，这使得苏维汇王国的势力不断得到巩固。国王雷奇拉征

服了塔拉戈纳以外的整个半岛，并迁都梅里达。公元 446 年，雷奇拉打败了罗马将军维图斯（Vitus），得以继续扩张。公元 449 年，雷奇拉迎娶了西哥特国王狄奥多里克的女儿。公元 453 年，雷奇拉的儿子和继任者雷奇阿尔与罗马人签订合约，把其父雷奇拉占领的迦太基归还给了罗马帝国。但是，公元 456 年，雷奇阿尔再次入侵迦太基，这一举动导致罗马人和西哥特人联合发动反击。同年，雷奇阿尔在奥斯托加附近的奥尔维戈河战役中遭遇惨败。西哥特人一路追捕雷奇阿尔直到布拉卡拉并将这座城市包围，最终将雷奇阿尔斩首。苏维汇人把西哥特人出身的阿基伍尔夫（Agiulf）扶上王位，但新国王的统治时间很短。苏维汇王国开始衰落，领土面积仅剩半岛东北部。在雷米斯蒙统治时期，苏维汇王国皈依阿里乌斯教派，泰奥多米尔（Théodomir，公元 561 年—公元 570 年在位）成为加莱西亚苏维汇王国的第一位天主教国王。公元 585 年，西哥特国王雷奥维吉尔德（Léovigild）消灭了苏维汇王国及其最后一任国王奥德卡（Audeca，公元 584 年—公元 585 年在位）。

插图 一枚金币背面的加莱西亚苏维汇王国国王肖像。

略要地。内战、多纳图派的分裂和自杀殉道派（circoncellions）的反叛导致非洲地区不堪一击，这种局面为汪达尔人提供了难得的机遇。公元430年，盖萨里克攻陷希波纳城，并将国都定于此地。值得一提的是，奥古斯丁是这座城市的主教。

盖萨里克与罗马帝国签订协议，罗马帝国承认了汪达尔王国，以避免出兵作战。这样，非洲的汪达尔人也成了罗马帝国的同盟者。公元439年，汪达尔人突袭迦太基，占领了罗马帝国在非洲的中部行省（也是土壤最肥沃的地区）。非洲的港口增强了汪达尔人的航海实力，他们的统治扩张到地中海的主要岛屿（科西嘉岛、撒丁岛和巴利阿里群岛），并以这些岛屿为跳板不断侵扰意大利和东罗马帝国沿岸地区。公元442年，汪达尔人与瓦伦提尼安三世签订新协议，该协议承认了汪达尔人在非洲东部行省（执政官行省[Proconsulaire]、拜扎奇乌姆和努米底亚）的管理权，虽然从理论上讲这些行省属于东罗马帝国托管。

如此一来，汪达尔王国成为地中海西部地区的主宰。对罗马而言，汪达尔人对小麦供给的控制始终是一大威胁。公元455年，盖萨里克登陆罗马帝国，包围并攻陷罗马。公元477年，盖萨里克去世，汪达尔王国最辉煌的一段时期画上了句号。

汪达尔人的统治非常严酷，他们与被征服的民众缺乏联系，这些都制约了汪达尔王国的发展，导致王国的实力无法得到巩固，同时也阻碍了它在非洲扎根。此外，汪达尔人信奉阿里乌斯教派，对天主教持激烈的反对态度，并在某些地区对基督教会实施了残酷的迫害，因此这些征服者彻底失去了拉丁世界民众的支持。例如，盖萨里克在阿非利加行省曾下令没收天主教会的宗教建筑和财产，而从中受益的是阿里乌斯教派。

盖萨里克的儿子、继承人胡内里克是一个毫不留情的宗教迫害者，他命人抓捕、处死或流放了许多主教。继承王位的古萨蒙德（Gunthamund）被越来越激烈的本地部落起义逼得走投无路，于是他试图缓和自己与罗马基督教徒民众的关系。在古萨蒙德的弟弟特拉萨蒙德（Thrasamund）统治期间，起义的规模越来越大。

特拉萨蒙德的继承人希尔德里克（Hildéric）是东罗马皇帝瓦伦提尼安三世的

马赫塔尔大浴场

  马赫塔尔距离今突尼斯卡夫 96 公里，其在迦太基时期就已经是一座重要城市，但这座城市在图拉真统治时期才建起了主要建筑，尤其是凯旋门和广场。这座庞大的浴场有许多个迷宫一样的房间，周围是高十几米的防御设施。公元 439 年，马赫塔尔被汪达尔人占领，后来成为汪达尔人在北非的汪达尔王国的一部分。公元 533 年，这座城市落入拜占庭帝国之手。

外孙，受其教育的影响使他更像是罗马人而非汪达尔人。后来，希尔德里克被盖里默（Gélimer，公元 530 年—公元 534 年在位）废除、监禁和取代。为此，拜占庭皇帝查士丁尼的反应非常激烈，因为在他收复西罗马帝国的规划中，富裕的非洲自然是不可或缺的重要部分。公元 533 年，拜占庭帝国占领迦太基，结束了汪达尔人在此地将近一个世纪的统治。

  盖里默的投降给汪达尔王国造成了致命一击。公元 534 年，查士丁尼在汪达尔王国的疆域基础上建立了非洲大行政区，统管非洲大陆行省和地中海重要岛屿（科西嘉岛、撒丁岛和巴利阿里群岛）。从此，汪达尔人销声匿迹，其幸存下来的士兵成为拜占庭军队的一部分被派往波斯边境，留在非洲的士兵逐渐与拉丁民众和当地人融合在一起。

东哥特人统治的意大利

日耳曼人对意大利的统治开始于公元 476 年西罗马帝国灭亡之时，结束于公元 554 年，随之东罗马帝国重新将亚平宁半岛纳入其政治版图之内。这段时期分为三个部分——奥多亚克统治时期（公元 476 年—公元 493 年）、严格意义上的东哥特王国时期（公元 493 年—公元 535 年）和哥特人与拜占庭争夺意大利控制权的战争时期（公元 536 年—公元 554 年），并以拜占庭的胜利、东哥特人几乎绝迹而告终。

奥多亚克废黜西罗马帝国末代皇帝罗慕路斯·奥古斯都之后，意大利的统治权也随之落入他手中。由于奥多亚克的军队中既有日耳曼人也有罗马人，所以他延续了西罗马帝国的政策。在对外政策方面，奥多亚克得到了汪达尔国王盖萨里克的支持，作为交换汪达尔人得到了西西里岛，并承诺维持罗马的小麦供给。奥多亚克夺取了达尔马提亚，打败了居住在亚平宁半岛北部的鲁吉人，杀死了他们的国王费勒修斯（Feletheus）。

费勒修斯的儿子弗雷德里克（Frédéric）逃到东哥特人首领狄奥多里克那里，并怂恿他征服意大利。当时，东哥特人主要生活在默西亚（今保加利亚）。公元 488 年，为了获取更多土地，他们从东罗马皇帝芝诺那里取得了在意大利定居的权力。因此，狄奥多里克和其他日耳曼君主一样，以东哥特人首领和东罗马皇帝摄政官的身份来到了意大利。

为了争夺意大利的控制权，奥多亚克与狄奥多里克之间的战争持续了四年（公元 489 年—公元 493 年）。战争局面僵持不下，但元老院贵族对狄奥多里克的支持发挥了决定性作用，随后奥多亚克被狄奥多里克亲手杀死。公元 493 年，东哥特首领狄奥多里克被同胞拥立为国王。公元 497 年，东罗马皇帝阿纳斯塔修斯一世承认狄奥多里克为意大利的共同摄政官。直到公元 526 年狄奥多里克去世，这位东哥特

波伊提乌

波伊提乌（Boèce，又译为波爱修斯）是狄奥多里克大帝统治时期的哲学家和大臣。为了让希腊-罗马文化流传后世，波伊提乌撰写了数量很多的著作，他最重要的作品《哲学的慰藉》（ De consolatione philosophiae ）为基督教神学理论的界定发挥了重要作用。公元 524 年，波伊提乌被亲哥特阵营的法官诬陷谋反，并在经受无数折磨之后被处死。

插图　波伊提乌父亲的执政官双连记事板，材质为大理石。现藏于布雷西亚基督教博物馆。

国王都是意大利毋庸置疑的主宰。

在狄奥多里克统治期间，其努力在东哥特人和罗马人之间寻求平衡，这也让他的统治卓有成效。大致来看，罗马人主要负责文官事务，东哥特人负责军队事宜。东哥特人主要居住在半岛的北部和中部，因此南部和西西里岛保持了一定程度的独立，教会和元老院贵族的田产都在这些地区。

当狄奥多里克来到罗马时，他首先得到了民众、教士、教皇和元老院的热烈欢迎。狄奥多里克非常尊重罗马皇帝创立的制度，所以他保留了以前的罗马司法体系。不过，狄奥多里克和罗马

元老院贵族之间的关系却每况愈下，这在很大程度上是因为亲拜占庭阵营的势力逐渐压倒了亲日耳曼阵营的势力。

狄奥多里克处死了内政长官波伊提乌（在被捕期间撰写了著名的《哲学的慰藉》），对天主教徒的敌意越来越明显，而这都加剧了舆论对他的不满，巩固了反对者的势力。因此，狄奥多里克执政的最后三年特别混乱。

狄奥多里克的女儿阿玛拉逊莎（Amalasonte）的丈夫奥塔里克（Eutaric）本被狄奥多里克确定为继承人，但他却过早死去了。因此，狄奥多里

汪达尔骑兵

这是一幅公元5世纪迦太基的罗马马赛克镶嵌画，画中人物是一位在加固城堡脚下骑马的骑兵。现藏于伦敦大英博物馆。

神秘的羔羊（第210—211页）

拉文纳圣维塔教堂的马赛克镶嵌画，神秘的羔羊以星空图案为背景呼之欲出，周围是叶子和果实组成的圆环，支撑圆环的是四位大天使。

克去世后，阿玛拉逊莎摄政，为幼子阿塔拉里克（Athalaric）代理国政。阿玛拉逊莎拥有极其灵活的外交技巧，她与拜占庭帝国交好，但东哥特人中最极端的一派对她的敌意越来越深。阿玛拉逊莎的第二任丈夫西奥达（Théodate）是一位非常富裕的哥特王子，其受罗马文化影响很深，但这个丈夫却背叛并杀害了她。

阿玛拉逊莎被杀成为东罗马皇帝查士丁尼出兵的借口，并于公元536年入侵意大利。此时，东哥特人内部发生变动，他们刺杀了西奥达，并把最著名的军事将领维蒂吉斯（Vitigès）扶上王位。在随后的二十年里，拜占庭人和哥特人处于"哥特战争"时期（公元536年—公元554年），意大利到处都是一片混乱与凋敝的景象。罗马分别被拜占庭人和哥特人攻占三次，等战争结束时这座城市已经沦为废墟。

公元554年，查士丁尼夺回了意大利，稳定了局势，确立了新的政治、社会和行政组织形式，而东哥特人则逐渐被同化为罗马人。拜占庭人从汪达尔人手中夺回非洲领土（公元534年），但它在意大利的统治时间更短，更不堪一击。公元568年，一个新的日耳曼民族伦巴第人为了寻求新的土地越过了阿尔卑斯山。在接下来的两个世纪里，拜占庭人与伦巴第人分享了意大利的控制权。

勃艮第人和法兰克人

在公元5世纪—公元6世纪期间，书写高卢历史的主要是图卢兹的西哥特王国、勃艮第人和法兰克人，尤其是墨洛温王朝的法兰克人。根据历史文献记载，公元440年左右，勃艮第人首次出现在阿尔卑斯高原和汝拉高原之间的萨帕乌迪亚（"松树之乡"）。罗马人同意他们在此地定居，因为这样就能够抵挡阿勒曼尼人的侵袭。

勃艮第人与罗马人的关系良好，享有同样的法律地位。他们的大区和地方行政机构保留了罗马人的管理体系，高卢的罗马贵族也支持勃艮第国王的统治。勃艮第人和西哥特人控制了高卢的半壁江山，他们保持着和谐共处的关系，制定了共同的军事战略。

公元466年，尤里克成为西哥特国王，勃艮第人和西哥特人的良好关系走到了尽头。公元5世纪70年代初，尤里克在高卢东南部多次发动战争。作为回应，勃昆第王国努力巩固与行将就木的西罗马帝国之间的关系，甚至不惜通过联姻的方式。勃艮第国王贡都巴德也因为联姻成为西罗马帝国的大元帅，并在公元 472 年—公元 474 年间获得贵族头衔。

然而，勃艮第王国的势力不断衰弱，尤其在公元 474 年四个继承人将王国瓜分之后，势力更是大不如前。年龄最大的贡都巴德定居里昂，后在与法兰克人的战争中扬名立万。在勃艮第王国陷入困境的同时，高卢的法兰克人正在迅速扩张，其中滨河法兰克人最初定居在科隆附近，但很快他们就大胆地向北部高卢发动了毁灭性的入侵。

第二支法兰克人群体是滨海法兰克人（或萨利安法兰克人），他们占据的区域是今天的比利时和荷兰。希尔德里克（希尔德里克一世）率领的部落在图尔奈附近定居，也是最活跃的法兰克部落之一。公元 481 年，年仅 15 岁的王子克洛维继承父亲希尔德里克的王位，成为墨洛温王朝的开创者。克洛维的统治（公元 481 年—公元 511 年）硕果累累，并深深地影响了未来的高卢。

克洛维拥有雄心壮志，赢得了其他法兰克部落的尊重和支持。公元 487 年，克洛维占领了高卢东北部地区，消灭了其他小王国。当克洛维成为所有滨海法兰克人的首领之后，他建立了统一的法兰克王国，然后向其他日耳曼民族发动大规模侵略战争，如阿勒曼尼人、西哥特人和勃艮第人。

无论是从宗教角度还是政治角度来看，克洛维皈依基督教都是一件大事，其影响范围超过了法兰克王国的疆域范围。年轻时的克洛维和父亲希尔德里克一样是异教徒，他和大部分统治信仰基督教地区的日耳曼国王不同，并没有成为阿里乌斯教派的信徒。克洛维与信仰基督教的勃艮第公主克洛蒂尔德（Clotilde）成婚之后，大约在公元 496 年举行了皈依仪式，并让自己的孩子也受洗了。

克洛维受洗象征着法兰克人皈依基督教，这是第一个放弃古代传统异教、接受基督教而非阿里乌斯教义的重要的日耳曼民族。这不仅让法兰克人与其他日耳曼民族与众不同，也让他们与高卢罗马人的关系更进一步了。在某些人看来，克洛维是"西部的基督教君主"，正如同拜占庭皇帝是东部基督教君主一样。

克洛维：法兰克王国的扩张

　　法兰克王国的大规模快速扩张，得益于克洛维出色的军事才能和灵活的外交能力。在克洛维去世时，法兰克王国的疆域已经北起拉芒什海峡（英吉利海峡），南至比利牛斯山，东部跨过莱茵河，东南边境为阿尔卑斯山。

　　克洛维 15 岁登上王位，根据习俗他必须扩大王国疆域才能分给自己的儿子，而他从父亲手中继承的疆域东起兰斯，西至亚眠和布洛涅。随后，克洛维占领了西亚格里乌斯的王国（苏瓦松地区），与其他法兰克部落结成联盟，并征服了图林根。公元 492 年，克洛维与勃艮第国王希尔佩里克（Chilpéric）的女儿、信仰基督教的公主克洛蒂尔德成婚。克洛维在托比亚克击败了莱茵河和多瑙河之间的阿勒曼尼人，随后皈依基督教，获得了高卢罗马精英贵族的支持和兰斯主教雷米（Rémi）的承认。在武耶战役中击败西哥特人之后，克洛维从东罗马皇帝那里得到了执政官的头衔。公元 508 年，克洛维定居巴黎。

　　插图　克洛维受洗，公元 9 世纪加洛林王朝的大理石匣正面雕塑。现藏于亚眠皮卡迪博物馆。

　　墨洛温王朝的军事扩张集中在三个地区：高卢南部（图卢兹西哥特人的领土）、东北部（莱茵河对岸阿勒曼尼人的地区）和东部（勃艮第人以里昂为中心建立的王国）。在公元 496 年—公元 497 年间，克洛维从阿勒曼尼人手中夺走了今天的阿尔萨斯、巴登-符腾堡州和莱茵兰-普法尔茨州，导致统一的阿勒曼尼王国被击溃。

　　公元 500 年左右，法兰克人发动远征，迫使勃艮第国王逃亡至阿维尼翁。在一段时间内，西哥特人和勃艮第人的联盟限制了法兰克人的扩张，这使勃艮第王国得以恢复。但是，勃艮第人随后又加入了法兰克人的阵营，转而进攻西哥特人。公元 507 年，西哥特人在武耶战役中遭遇惨败。从历史角度来看，

这次战役有着深远的影响，因为哥特人占据的高卢被法兰克人夺走，而勃艮第人没有从这场胜利中捞到任何好处。在图卢兹王国东南部的东哥特人的介入之下，塞蒂马尼亚和普罗旺斯没有被并入法兰克王国。

在这些事件之后，拜占庭帝国承认了克洛维的王权，正如同它此前承认意大利的东哥特国王狄奥多里克的权力一样。公元511年克洛维死后，按照法兰克人的诸子平分传统，王国被他的四个儿子瓜分（提奥多里克一世 [Théodoric Ier]，又称蒂耶里 [Thierry]，以及克洛蒂尔德王后的三个孩子——克洛泰尔一世 [Clotaire Ier]、希尔德贝尔一世 [Childerbert Ier] 和克罗多梅尔一世 [Clodomir Ier]）。

墨洛温王朝的崛起

公元448年—公元457年

墨洛温（Mérovée） 滨海法兰克人国王，建立了墨洛温王朝。

公元457年—公元481年

希尔德里克一世 继承了墨洛温的王位，成为法兰克国王。

公元481年—公元491年

克洛维一世 继承王位之后，在苏瓦松击败了罗马将军西亚格里乌斯（Syagrius），并向图林根人发动战争。

公元496年—公元507年

克洛维皈依基督教 他向西哥特人发动战争（武耶战役），西哥特人在高卢南部的统治结束。

公元511年

克洛维去世 王国被四个儿子瓜分：提奥多里克一世、克洛泰尔一世、希尔德贝尔一世和克罗多梅尔一世。

公元558年

克洛泰尔一世 纽斯特里亚国王，并重新统一了父亲克洛维的法兰克王国。

公元561年

克洛泰尔一世去世 法兰克王国被四个儿子瓜分，其中包括希尔佩里克一世（Chilpéric Ier）。

公元629年—公元639年

达戈贝尔一世（Dagobert Ier） 重新统一了法兰克王国，"宫相"（maires du palais）时期开始。

公元751年

希尔德里克三世（Childéric III） 最后一位墨洛温国王，被宫相矮子丕平（Pépin le Bref）废黜。矮子丕平是查理大帝的父亲，加洛林王朝的第一位国王。

克洛维王国的瓜分并未阻止新一代墨洛温国王继续奉行扩张政策，消灭勃艮第王国依然是他们的主要目标。与克洛维同时代的勃艮第国王贡都巴德，曾试图与法兰克人保持友好关系。贡都巴德的儿子西吉斯蒙德（Sigismond，公元516年—公元524年在位）是狂热的基督徒，与东罗马帝国关系密切，并想要继续维持和平。然而，西吉斯蒙德的联姻和继承政策太过复杂，最终伤及自身，并被奥尔良国王克罗多梅尔背叛和刺杀。

公元526年，唯一能够阻挡法兰克人扩张的东哥特国王狄奥多里克去世。公元534年，勃艮第王国在决定性的奥顿战役中被法兰克王国击败，随后国土被法兰克诸王瓜分。从此，勃艮第人离开历史舞台，逐渐与当地民众融合。公元531年，法兰克人同样吞并了图林根，如此一来法兰克王国不仅覆盖了整个高卢，而且疆土还延伸到了莱茵河对岸。从公元8世纪中叶开始，这片疆域成了加洛林王朝的天下。

盎格鲁-撒克逊人的英国

由于缺少文献资料，罗马帝国在不列颠的统治结束之后，不列颠诸岛的历史发展轨迹不太清晰。英国重要的中世纪传说，尤其是亚瑟王传说，都源自这一时期。在保存下来的极少数文献中，以较为夸张的视角记载了日耳曼人入侵和不列颠罗马人的斗争。

根据僧侣"尊者"贝达（Bède le Vénérable）的记载（成书于 13 世纪初，也就是事件发生几个世纪之后），当罗马军团撤出不列颠之后，罗马社会的政治结构依旧被保留了一段时间。然而，西部的暴君夺去了统治权力，其中的一位是沃提格恩（Vortigern），他向盎格鲁人和撒克逊人寻求援助，以代替罗马人的庇护。于是，多次迁徙浪潮随之而来，包括朱特人和皮克特人。

然后，不列颠被多个民族瓜分：盎格鲁人占据了不列颠中部和东部，撒克逊人盘踞在泰晤士河盆地和西南部，朱特人占领了肯特郡、汉普郡和怀特岛。本地民族被赶出自己的土地，被迫逃亡到贫瘠的西部山区。

不过，最新的历史研究与贝达的简要叙述略有差别。不列颠地处罗马帝国西北边陲，一直都无力抵挡各个"蛮族"的侵略，西部有爱尔兰斯科特人，北部有凶猛的苏格兰皮克特人，而频繁侵扰西南部的是来自日耳曼海岸地区的海盗。某些撒克逊人很有可能在不列颠岛定居，并获得了"同盟者"的地位。在文化方面，历史证据表明罗马统治的不列颠的基督教普及程度很高，超过盎格鲁-撒克逊人大迁徙所带来的影响。

公元 407 年，君士坦丁三世撤走了高卢的罗马军团之后，不列颠爆发了危机。凯尔特部落结构的再次出现，证明了"罗马性"（romanité）的减弱。

在这种困难的处境之下，公元 5 世纪中叶左右，某些不断遭受斯科特人和海盗袭击的不列颠首领最终决定向撒克逊人求援。但是，他们求助的不是欧洲大陆的撒克逊人，而是已经在不列颠岛上定居的、不再服从罗马权威的撒克逊人。撒克逊人利用这种有利形势，占据了不列颠岛的大部分领土，有时他们也会接受欧洲大陆其他日耳曼部落的帮助。

大约在公元 5 世纪下半叶，最早的王国出现了，这是日耳曼入侵者在不列颠岛重新聚集的结果。所有这些小王国（诺森伯里亚 [Northumbrie]、梅西亚 [Mercie]、威塞克斯 [Wessex]、德伊勒 [Deira]、伯尼西亚 [Bernicie]、东盎格利亚 [Est-Anglie]、米德塞克斯 [Middlesex]、肯特 [Kent]）都经历了许多变化，但始终没有形成一个统一体。盎格鲁-撒克逊人的征服史，可以简要概括为一次不规律的、循

黄金和珐琅："蛮族"的小众艺术

多瑙河和莱茵河北部的罗马帝国边境地区是一片广袤的平原和森林，生活在那里的民族既不讲希腊语也不讲拉丁语，他们的互相攻伐从未停止过。在北方"蛮族"文化占据主导的地区，艺术中肖像是不存在的，它逐渐从装饰物和造型艺术中消失，取而代之的是几何线条和形状，要求色彩鲜艳、对比感强烈。在这些艺术创作中，威猛的野兽和魔法宗教的象征物占据重要地位，日耳曼民族、游牧民族和战斗民族的艺术特征也在服装饰物上体现得淋漓尽致。精美的金银制品是"蛮族"艺术的代表，评论家认为它们是铁器时代前罗马时期制作工艺和艺术特征的延伸。日耳曼民族把嵌金属丝花纹的金银制品和珐琅制品的工艺带到了整个欧洲。

这件物品被考古学家称为"母鸡"，它的一部分是动物形状。它很有可能是一件用来保护佩戴者的护身符，是皮埃特罗埃萨地区的艺术珍品。现藏于布加勒斯特罗马尼亚国家历史博物馆。

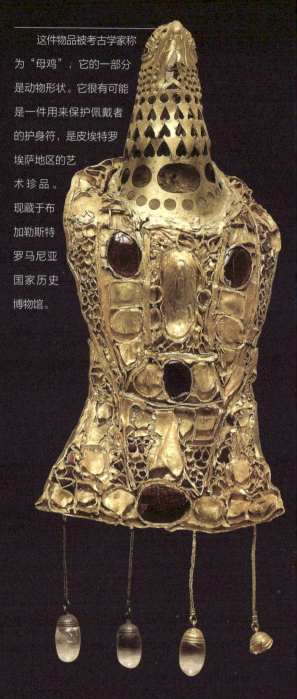

战士项圈 公元6世纪的斯堪的纳维亚地区的护喉，手工金丝编织而成。现藏于斯德哥尔摩历史博物馆。

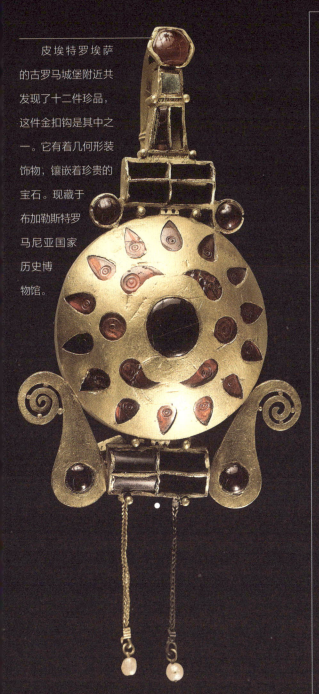

皮埃特罗埃萨的古罗马城堡附近共发现了十二件珍品，这件金扣钩是其中之一。它有着几何形装饰物，镶嵌着珍贵的宝石。现藏于布加勒斯特罗马尼亚国家历史博物馆。

嵌金属丝花纹制品：独特的艺术

扣钩（某种把衣服两端系起来的带扣）和腰带扣可以使用金银制品的嵌金属丝花纹工艺（类似景泰蓝工艺）来制作，这种技巧可以把事先切割好的宝石或者小块彩色玻璃镶嵌到细金、银、铜丝编织成的花纹图案的空格中。在大迁徙时期（公元375年—公元568年），哥特金银匠经常把黄金与红色系的石头和玻璃（石榴石、石英水晶等）结合在一起，因为它们可以形成强烈的色彩对比。当时，这些材料也被应用到拜占庭艺术中。

插图 这件西哥特黄金珐琅扣钩的形状是一只张开翅膀的鹰，头部为侧面像。这件艺术品可追溯至公元5世纪下半叶，是1889年—1979年间在罗马尼亚的阿帕西达发现的珍宝之一（现藏于布加勒斯特考古博物馆）。在公元5世纪—公元6世纪被哥特人占领的地区，尤其是伊比利亚半岛，考古学家也发现了这种风格的扣钩和带扣。这些物品的背面通常很光滑，并配有针或者其他类型的系扣物。

佩文西城堡

佩文西城堡是在公元 3 世纪的安德里图姆城堡的基础上建造的，安德里图姆城堡是为了保护该地区不受盎格鲁人和撒克逊人的侵袭而建。今天依然可以看到的城堡废墟，可以追溯到 11 世纪诺曼底人来到英国之后的时期。

序渐进的扩张，以及本地人民不断自治的历史——不列颠本地人民可以决定与外来者融合还是组建自己的政治结构。公元 9 世纪的一份文献表明，正是在这个混乱时期，亚瑟王建立了传奇功勋。

公元 6 世纪中叶是一个新时代的开始，最早的一批日耳曼王国消失之后留下的是一张新的政治版图。在高卢，墨洛温王朝的法兰克人终结了图卢兹王国，迫使西哥特人退回伊比利亚半岛，并消灭了勃艮第王国。西哥特人则建立了托莱多王国，吞并了苏维汇人和汪达尔人的王国。北非的汪达尔王国落入拜占庭之手，从此拜占庭帝国必须面对摩尔人部落的反抗。在意大利，拜占庭人和伦巴第人取代了东哥特人。

爱尔兰的圣帕特里克：从传教使徒到神话

根据传说，圣帕特里克（Saint Patrick）在公元 5 世纪来到爱尔兰传教。虽然"尊者"贝达并没有提及，但公元 8 世纪的罗马文献表明，教皇西莱斯廷一世（Céleste Iᵉʳ）在公元 431 年派遣某位叫帕拉狄乌斯（Palladius）的传教士来到爱尔兰岛。

帕特里克是一位罗马基督徒贵族的儿子，16 岁时被爱尔兰海盗抓获但成功逃脱，然后致力于在爱尔兰传教。使徒传记作家把帕特里克比作《旧约》中的英雄，将其塑造成一个驱逐毒蛇、变白雪为黄油的魔法师。他们甚至记录说，帕特里克能够停止太阳在白昼的移动，可以十二天不眠不休，直到公元 460 年去世。为了纪念帕特里克与传统宗教的魔法师和祭司

的斗争，他被尊为民族英雄，而 3 月 17 日既是他去世的纪念日也是爱尔兰国庆节。在凯尔特人的时代，人们赞美三叶草，因为传说帕特里克用这种草来解释"三位一体"之谜。民间流传的与世界末日有关的故事还提到，在末日审判之时，耶稣基督把圣帕特里克任命为审判爱尔兰人的唯一法官。

插图 11 世纪的罗马风格圣帕特里克圣物盒，现藏于都柏林爱尔兰国家博物馆。

附　录

插图（第222页） 受伤的母狮扑向士兵。公元4世纪的马赛克镶嵌画，发现于西西里岛阿尔美里那广场的卡萨尔罗马别墅。

公元476年的欧洲

北海

撒克逊人

图林根人

滨海法兰克人

格索里阿库姆（今滨海布洛涅）

科隆

图尔纳科姆
（今图尔奈）

罗科托鲁姆
（今兰斯）

莫根提亚肯（今美因茨）

布列塔尼人

西阿格里乌
斯占领区

卢泰西亚
（今巴黎）

奥古斯塔
（今梅斯）

特里沃鲁姆

卡斯特拉雷吉纳
（今雷根斯堡）

巴伐利亚人

大西洋

凯撒奥顿（今欧尔）

迪沃杜伦
阿根托拉斯堡姆
今斯特拉斯堡

劳里亚库姆
（今洛尔施）

奥古斯都里通
（今利摩日）

勒艮第王国

维松提奥
（今贝桑松）

阿勒曼尼亚

奥古斯塔·温
德利科鲁姆
（今奥格斯堡）

文多波纳
（今维也纳）

埃卢尔

卢格杜努姆
（今里昂）

热努阿
（今热那亚）

梅蒂奥拉努姆
（今米兰）

维埃纳

阿奎莱亚

格庇德人

辛吉

布拉卡拉奥古斯塔
（今布拉加）

莱吉欧
（今莱昂）

坎塔布里亚人
和瓦斯科人

布尔迪加拉
（今波尔多）

维埃纳

日努阿
（今日内瓦）

维罗纳

西尔米乌姆
（今米特罗维察）

苏维汇王国

托洛萨
（今图卢兹）

阿莱拉特
（今阿尔勒）

拉文纳

狄拉奇
今都

奥利希波
（今里斯本）

凯撒奥古斯塔
（今萨拉戈萨）

纳尔榜·马提乌斯
（今纳尔纳）

马赛利亚
（今马赛）

奥多亚克王国

萨罗纳
（今斯普利特）

托莱图姆
（今托莱多）

埃梅里达·奥古斯塔
（今梅里达）

西哥特王国

塔拉科
（今塔拉戈纳）

巴尔齐诺（今巴塞罗那）

罗马

布林迪西乌姆
（今布林迪西）

伊斯帕利斯
（今塞维利亚）

科尔杜巴
（今科尔多瓦）

尼波利斯
（今那不勒斯）

新迦太基城
（今卡塔赫纳）

廷吉斯
（今丹吉尔）

凯撒利亚
（今舍尔沙勒）

希波雷吉斯
（今希波纳）

墨西拿

摩尔人

迦太基

锡拉库萨
（今锡拉库扎）

汪达尔王国

苏塞

奥埃阿（今的黎波里）

224

斯拉夫人

阿瓦尔人

保加利亚人

奴人

格庇德人

（今尼什）

尔迪卡
索菲亚）

斯行政区

洛尼卡
洛尼基）

雅典

图斯
林斯）

罗慕路斯·奥古斯都被废黜时的
罗马帝国（公元476年）
罗马帝国放弃的疆域
不受罗马帝国管辖的地区
"蛮族"王国
拜占庭帝国
苏维汇人　"蛮族"
默西亚　　行政区和王国
东罗马帝国和西罗马帝国的
分界线（公元395年）
奥多亚克王国（公元476年）

黑海

里海

锡诺普　　特拉布宗

阿德里安堡（今埃迪尔内）
君士坦丁堡
尼科米底亚（今伊兹米特）
尼西亚　　安基拉
（今安卡拉）　黑海行政区

亚细亚行政区
凯撒利亚·卡帕多西亚

斯米纳（今伊兹密尔）
以弗所　　塔尔斯
阿塔雷亚（今安塔利亚）　埃德萨
东方行政区　　安提约基亚
（今安条克）
阿里希诺埃
（今法马斯塔）
大马士革
萨珊王国
地中海　　提尔

爱利亚·加比多连
（今耶路撒冷）

亚历山大里亚
（今亚历山大）　佩特拉
阿拉伯人

埃及行政区

红海

对照年表

罗马

公元 193 年—公元 235 年	公元 235 年—公元 284 年	公元 284 年—公元 305 年

• 康茂德（Commode）死后引发的内战结束
• 塞维鲁王朝建立
• 帕提亚战役，美索不达米亚并入罗马帝国
•《安东尼努斯法》
• 皇帝卡拉卡拉和亚历山大·塞维鲁遇刺
 	
文化事件：
• 德尔图良（Tertullien）的《护教篇》（Apologétique）
• 禁止犹太人和基督教徒传教
	• 军事混乱
	  • 军人皇帝接连登基
	  • 篡位事件不断增多
	  • 罗马大瘟疫
	  • 意大利北部遭入侵
	
	  文化事件：
	  • 罗马建城千年庆典
	  • 最早的迫害基督教徒的敕令
	  • 奥勒良确立太阳神崇拜
		• 新的执政模式"四帝共治"制确立，帝国被两位奥古斯都和两位恺撒分为四部分
		• 东、西罗马分裂迹象出现
		• 戴克里先货币改革
		•《戴克里先敕令》（最高限价敕令）
		• 帝国行省制度重组
		
		文化事件：
		• 反对摩尼教的敕令
		• 针对基督教徒的大规模迫害

东方王国和帝国

公元 193 年—公元 235 年	公元 235 年—公元 284 年	公元 284 年—公元 305 年

波斯：
• 内战开始
• 阿尔达希尔一世建立萨珊王朝
• 安息王朝被萨珊王朝取代：波斯统一
 	
文化事件：
• 萨珊王朝的都城阿尔达希尔－库莱赫城建成
• 阿尔达希尔获得"诸王之王"（Shahan-shah）称号
	波斯：
	• 沙普尔一世成为波斯国王
	• 波斯扩张：征服安条克和叙利亚，罗马军队在埃德萨战役战败
	
	文化事件：
	• 沙普尔一世建成波斯新城
	• 波斯实施宗教宽容政策
	• 摩尼教扩张
		波斯：
		• 纳尔西兹统治
		• 伽列里乌斯在卡利尼克尤姆战役中打败纳尔西兹
		  • 波斯军队从亚美尼亚和格鲁吉亚撤退
		  埃及：
		  • 戴克里先开始实施税制改革
		
		文化事件：
		• 波斯实施反摩尼教政策

西方边境

公元 193 年—公元 235 年	公元 235 年—公元 284 年	公元 284 年—公元 305 年
不列颠： • 塞普蒂米乌斯·塞维鲁出兵不列颠，最终死在此地 **日耳曼尼亚：** • 阿勒曼尼人入侵莱茵河地区 **文化事件：** • 基督教在美索不达米亚平原扩张	**日耳曼尼亚：** • 阿勒曼尼人无止境地侵扰莱茵河边境 • 哥特人向多瑙河流域扩张 • 撒克逊人和弗里松人威胁日耳曼尼亚北部 **高卢：** • 法兰克人和阿勒曼尼人入侵高卢 **伊利里亚：** • 巴尔干地区遭遇大规模入侵 • 丢失达契亚	**日耳曼尼亚：** • 马克西米安击退阿勒曼尼人、勃艮第人和埃卢尔人 • 莱茵河边境得到巩固 • 阿勒曼尼人、法兰克人和撒克逊人大军压境，日耳曼尼亚边境压力骤增

公元 306 年—公元 337 年

- 米尔维安桥战役
- 君士坦丁战胜李锡尼

文化事件：
- 伽列里乌斯颁布宗教宽容敕令
- 《米兰敕令》颁布，基督教在罗马帝国全境得到承认
- 最早的基督教符号出现在罗马帝国硬币上

公元 337 年—公元 395 年

- 君士坦提乌斯二世在摩尔沙战役中击败马格嫩提乌斯
- 君士坦提乌斯二世统一罗马帝国
- "背教者"尤利安统治期间传统宗教短暂复兴
- 罗马帝国东部和西部出现分裂

文化事件：
- 普瓦提埃主教希拉流
- 教皇达玛苏一世
- 图尔主教马丁
- 米兰主教安波罗修

公元 395 年—公元 476 年

- 西部出现篡位浪潮
- 亚拉里克包围和攻陷罗马
- 罗马人和盟军在卡塔隆平原战役中击败阿提拉
- 西罗马帝国灭亡

文化事件：
- 基督教成为罗马帝国唯一国教
- 禁止异教信仰

公元 306 年—公元 337 年

波斯：
- 沙普尔二世统治波斯

拜占庭：
- 君士坦丁堡建成

文化事件：
- 罗马基督教作家拉克坦提乌斯
- 君士坦丁主持尼西亚大公会议（公元 325 年）
- 阿里乌斯教派的创始人阿里乌斯去世

公元 337 年—公元 395 年

波斯：
- 沙普尔二世继续推行扩张政策
- 波斯人与罗马人签订合约
- 沙普尔二世在中亚扩张

埃及：
- 摩尼教传播

文化事件：
- 教会史学家凯撒利亚的尤西比乌在犹太去世
- 帕科缪推行聚居修士生活方式

公元 395 年—公元 476 年

拜占庭：
- 狄奥多西二世加固君士坦丁堡城墙
- 耶稣单性说遭到批判

文化事件：
- 斯特里同的哲罗姆在巴勒斯坦去世
- 以弗所大公会议
- 卡尔西顿大公会议

公元 306 年—公元 337 年

多瑙河日耳曼尼亚：
- 罗马人和哥特人最早的联盟

文化事件：
- 在主教乌尔菲拉（Wulfila）的支持下，《圣经》被译为哥特语
- 哥特人改信阿里乌斯教义
- 尼西亚大公会议（公元 325 年）谴责阿里乌斯教义

公元 337 年—公元 395 年

不列颠：
- 北欧部落入侵不列颠
- 罗马重新征服不列颠

日耳曼尼亚：
- 尤里安在斯特拉斯堡被阿勒曼尼人击败
- 哥特人越过多瑙河边境发动侵袭
- 罗马和阿勒曼尼人联盟
- 瓦伦斯与哥特人缔结合约
- 匈奴人扩张
- 罗马人在阿德里安堡遭遇惨败，瓦伦斯在对阵哥特人的战役中阵亡

公元 395 年—公元 476 年

不列颠：
- 盎格鲁人、撒克逊人和朱特人的入侵浪潮

日耳曼尼亚：
- 西哥特国王亚拉里克威胁意大利
- 亚拉里克在波伦提亚战役中战败
- 汪达尔人、苏维汇人和勃艮第人越过莱茵河
- 匈奴人之王阿提拉
- 东哥特国王狄奥多里克一世（狄奥多里克大帝）

从塞维鲁王朝到罗马帝国覆灭

塞维鲁王朝时期

佩蒂纳克斯	公元193年
狄迪乌斯·尤利安努斯	公元193年
塞普蒂米乌斯·塞维鲁	公元193年—公元198年
塞普蒂米乌斯·塞维鲁和卡尔卡拉（共治）	
	公元198年—公元209年
塞普蒂米乌斯·塞维鲁、卡尔卡拉和盖塔（共治）	
	公元209年—公元211年
卡尔卡拉和盖塔（共治）	公元211年
卡尔卡拉	公元211年—公元217年
马克里努斯	公元217年—公元218年
埃拉伽巴路斯	公元218年—公元222年
亚历山大·塞维鲁	公元222年—公元235年

军事混乱时期

马克西米努斯	公元235年—公元238年
戈尔迪安一世与戈尔迪安二世（在非洲共治）	
	公元238年
巴尔比努斯和普皮恩努斯（在意大利共治）	
	公元238年
戈尔迪安三世	公元238年—公元244年
阿拉伯人菲利普	公元244年—公元247年
阿拉伯人菲利普与菲利普二世（共治）	
	公元247年—公元249年
德基乌斯	公元249年—公元251年
德基乌斯和赫伦尼乌斯（共治）	公元251年
霍斯蒂利安（被元老院拥立为皇帝）	公元251年
加卢斯和沃鲁西安努斯（共治，同时被多瑙河军团拥立为皇帝）	公元251年—公元253年
埃米利安努斯（被多瑙河军团拥立为皇帝）	公元253年
瓦莱里安（被莱茵军团拥立为皇帝）和加里恩努斯（共治）	公元253年—公元260年
加里恩努斯	公元260年—公元268年

伊利里亚诸帝

克劳狄二世	公元268年—公元270年
昆提卢斯	公元270年
奥勒良	公元270年—公元275年
塔西佗	公元275年—公元276年
弗洛里安努斯	公元276年
普罗布斯	公元276年—公元282年
卡鲁斯	公元282年—公元283年
卡里努斯和努梅里安（共治，前者负责西部，后者负责东部）	
	公元283年—公元284年
卡里努斯	公元284年—公元285年

从四帝共治到君士坦丁

戴克里先	
（奥古斯都）	公元284年—公元305年
马克西米安	
（奥古斯都）	公元286年—公元305年
（自称奥古斯都）	公元306年—公元308年，公元310年
君士坦提乌斯一世	
（恺撒）	公元293年—公元305年
（奥古斯都）	公元305年—公元306年
伽列里乌斯	
（恺撒）	公元293年—公元305年
（奥古斯都）	公元305年—公元311年
塞维鲁二世	
（恺撒）	公元305年—公元306年
（奥古斯都）	公元306年—公元307年
马克森提乌斯	
（奥古斯都）	公元306年—公元312年
马克西米努斯·代亚	
（伽列里乌斯时期，恺撒）	公元305年—公元310年
（奥古斯都，与李锡尼竞争）	公元310年—公元313年
君士坦丁一世	
（恺撒）	公元306年—公元307年
（奥古斯都）	公元307年—公元312年

（与李锡尼共治）　　　　　公元312年—公元324年
（独自掌权）　　　　　　　公元324年—公元337年
李锡尼
（奥古斯都）　　　　　　　公元308年—公元312年
（与君士坦丁共治）　　　　公元312年—公元324年

君士坦丁王朝

君士坦丁二世
（高卢，不列颠，西班牙）　公元337年—公元340年
君士坦斯一世
（意大利，非洲，伊利里亚行省）公元337年—公元340年
（西部）　　　　　　　　　公元340年—公元350年
君士坦提乌斯二世
（君士坦丁堡和东部）　　　公元337年—公元340年
（东部）　　　　　　　　　公元340年—公元353年
（东部和西部）　　　　　　公元353年—公元361年
加卢斯
（东部恺撒）　　　　　　　公元351年—公元354年
马格嫩提乌斯（西部争位者）公元350年—公元353年
"背教者"尤利安
（西部恺撒）　　　　　　　公元355年—公元360年
（奥古斯都）　　　　　　　公元360年—公元361年
（东部和西部皇帝）　　　　公元361年—公元363年
约维安
（被尤利安的部下拥立为皇帝）公元363年—公元364年

瓦伦提尼安王朝

瓦伦提尼安一世（西部）　　公元364年—公元375年
瓦伦斯（东部）　　　　　　公元364年—公元378年
格拉提安（瓦伦提尼安一世时期，奥古斯都）
　　　　　　　　　　　　　公元367年—公元375年
格拉提安和瓦伦提尼安二世（西部共治）
　　　　　　　　　　　　　公元375年—公元383年

马格努斯·马克西穆斯（西部争位者）
　　　　　　　　　　　　　公元383年—公元388年
瓦伦提尼安二世（西部）　　公元388年—公元392年
欧根尼乌斯（西部争位者）　公元392年—公元394年
狄奥多西一世（狄奥多西大帝）
（东部奥古斯都）　　　　　公元379年—公元392年
（统一的罗马帝国皇帝）　　公元392年—公元395年

西罗马帝国

霍诺里乌斯　　　　　　　　公元395年—公元423年
霍诺里乌斯和君士坦提乌斯三世（共治）公元421年
约翰尼斯（争位者）　　　　公元423年—公元425年
瓦伦提尼安三世　　　　　　公元425年—公元455年
佩特罗尼乌斯·马克西穆斯　公元455年
阿维图斯　　　　　　　　　公元455年—公元456年
马约里安（利奥一世认为他是争位者）
　　　　　　　　　　　　　公元457年—公元461年
塞维鲁三世　　　　　　　　公元461年—公元465年
安特米乌斯　　　　　　　　公元467年—公元472年
奥利布里乌斯　　　　　　　公元472年
格利凯里乌斯（不被东罗马承认）公元473年—公元474年
朱利乌斯·尼波斯　　　　　公元474年—公元475年
罗慕路斯·奥古斯都（不被东罗马承认）
　　　　　　　　　　　　　公元475年—公元476年

东罗马帝国

弗拉维乌斯·阿尔卡狄乌斯　公元395年—公元408年
狄奥多西二世　　　　　　　公元408年—公元450年
马尔西安　　　　　　　　　公元450年—公元457年
利奥一世　　　　　　　　　公元457年—公元474年
利奥二世　　　　　　　　　公元474年
芝诺　　　　　　　　　　　公元474年—公元491年

图书在版编目（CIP）数据

罗马帝国：罗马的陷落 / 美国国家地理学会编著；申华明译. -- 北京：现代出版社，2021.4

（美国国家地理全球史）

ISBN 978-7-5143-8934-0

Ⅰ.①罗… Ⅱ.①美… ②申… Ⅲ.①罗马帝国－历史 Ⅳ.①K126

中国版本图书馆CIP数据核字(2020)第261000号

版权登记号：01-2021-1395

罗马帝国：罗马的陷落（美国国家地理全球史）

编 著 者：美国国家地理学会

译　　　者：申华明

策划编辑：吴良柱

责任编辑：张　霆　谢　惠

内文排版：北京锦创佳业文化传播有限公司

出版发行：现代出版社

通信地址：北京市安定门外安华里504号

邮政编码：100011

电　　话：010-64267325　64245264（兼传真）

网　　址：www.1980xd.com

电子邮箱：xiandai@vip.sina.com

印　　刷：北京瑞禾彩色印刷有限公司

开　　本：710mm*1000mm 1/16

印　　张：14.5　　　　字　　数：210千

版　　次：2021年4月第1版　　印　　次：2021年4月第1次印刷

书　　号：ISBN 978-7-5143-8934-0

定　　价：76.00元